Chinese Characters for HSK: Level 1

Sheldon Smith

Chinese Characters for HSK: Level 1

Copyright © 2017 by Sheldon Smith

All rights reserved. No part of this publication may be reproduced, stored in a retrieval system, or transmitted, in any form or in any means – by electronic, mechanical, photocopying, recording or otherwise – without prior written permission.

ISBN: 978-1-912579-91-4

First Edition

This book is published by Evident Press. For more information on this title and others in the Chinese Characters for HSK series, visit www.evidentpress.com.

About the author
Sheldon Smith was born in Singapore but grew up in England. He has lived and worked in China since 2002. He currently resides in Guangzhou, Guangdong province. In addition to text books for learning Chinese he is the author of several novels and text books for academic English (the *EAP Foundation* series).

Additional Learning Resouces
All books publiushed by Evdent Press include access to free additional online resources. To access the resources you will need to use a code. The code for *Chinese Characters for HSK: Level 1* is **printed at the back of the book, following the final character (坐)**. To use this code and access the resources, please visit www.evidentpress.com/resources/.

Contents

Preface iv
   Key features of the book iv
   Why learn characters? iv
   Who is the book for? v
   About the HSK test v
   Guide to the characters pages vii
The Characters 1
Appendix: Measure Words 112
   What are measure words? 112
   Types of measure words 112
   List of HSK measure words (level 1) 113
English Index 114

Preface

This is the first book in the HSK Characters series of text books. It covers characters used in Level 1 of the HSK (Hanyu Shuiping Kaoshi) test.

Key features of the book
The following are some of the key features of the book.
- It covers all characters in level 1 of the HSK test (174 in total), using the simplified characters of modern standard Chinese.
- It includes all HSK words which use those characters, from level 1 to level 6 (1319 words in total). As a result, it includes all 150 words in level 1.
- The level of each word is given, so you can choose which to study.
- There are photographic images for each character, from street signs, shop signs etc., to give a colourful, interesting representation.
- A plain text version of each character is also included for clarity.
- Alongside each character is its pronunciation and meaning. If a character has more than one pronunciation in the test, each is given.
- The radical and number of strokes is also given for each character.
- Characters are arranged alphabetically for easy identification.
- There are notes for some characters to give additional information.
- Additional words, outside of the HSK list, are included for many of the characters, to allow for vocabulary expansion.
- A 'double entry' system is used for all words, meaning it is listed under *all* characters which appear in that word.
- An appendix is included with information on measure words.
- An English indexes at the end allows you to find characters according to their English meaning.

Why learn characters?
There are three main reasons to learn Chinese characters rather than focusing purely on words. First, characters are the building blocks of Chinese. Most Chinese words consist of two characters in combination, each of which conveys meaning. Knowing the characters and their meaning makes it much easier to learn the word. Second, it is easier to learn new words if they are themed or connected in some way. Studying characters will allow you to learn words which share that character, which should make the words easier to learn than if they are studied in isolation. The final reason for learning characters relates to 'economies of scale'. The HSK test in total comprises 5000 words across 6 levels. However, there are only 2663 characters, or around half as many. In levels 1 and 2 there are actually more characters than words, with 174 characters in level 1 and 173 characters in level 2, with 150 new words in each level. The 'economies of scale' start to take off in intermediate levels, with 270 new characters introduced in level 3 compared to 300 new words, and 447 characters in level 4 compared to 600 new words. The difference is most pronounced

in the advanced levels, with 621 new characters in level 5 compared to 1300 new words, and 978 new characters in level 6 compared to 2500 new words. That's quite a difference.

Who is the book for?

Although the book covers level 1 characters, it is not just for beginners. Of course, beginners will get a lot out of it, and the colourful, real-life images of characters will (hopefully!) make it a book you will love to pick up and look through time and again (repetition is a necessary feature of learning a language). At the same time, the vast majority of the characters introduced in level 1 recur in words in other levels. This book includes all words in the HSK vocabulary list which use those characters, up to and including level 6. There are, in fact, a total of 1319 words in the HSK test using the level 1 characters, which is over 26% of the total! This high number is logical because although the characters in level 1 comprise only 7% of the total, they include many of the most common characters in Chinese and therefore appear in many words. For example, the most common character in the list, 不 **bù** (not, no), appears in 63 words in levels 1-6 (though only 3 are level 1 words). All 1319 HSK words which use the level 1 characters are included in this book, meaning it is suitable for beginners and proficient users alike. Level 1 of the test, like level 2, uses pinyin, meaning character recognition is not necessary, but it definitely helps as you progress through the levels. The book would therefore also be invaluable to anyone who has already passed the beginning levels (1 and 2) and needs to learn the characters in order to move forward to intermediate levels (3 and 4) where pinyin is not used. In short, whether you are at beginning, intermediate or advanced level, there will be something for you in this book.

About the HSK test

The Hanyu Shuiping Kaoshi (汉语水平考试), or HSK for short, is China's only standardised test of the Chinese language. It is designed for non-native speakers, such as foreign students and overseas Chinese, and approximates to the English TOEFL or IELTS test. An HSK certificate can be used throughout China as evidence of language proficiency for higher education and work.

The HSK is administered in Simplified Chinese and comprises two tests: a written test and an oral test (taken separately). The written test is divided into six levels from Level 1 to Level 6, while the oral test is divided into three levels: Beginner, Intermediate and Advanced. The HSK written test, which began as a paper-only test, has also been conducted online at select test centres since 2011. The current format of the test was introduced in 2012.

The table on the next page shows the different levels of the HSK.

Chinese Characters for HSK: Level 1

Level (Written)	Level (Oral)	Number characters		Number words		Test overview
		new	total	new	total	
Level 1	Beginner	174	174	150	150	For learners who can understand and use simple words and sentences to communicate specific needs. All characters have pinyin.
Level 2	Beginner	173	347	150	300	For learners who can use Chinese in a simple and direct manner for familiar daily topics. As with HSK Level 1, all characters have pinyin.
Level 3	Intermediate	270	617	300	600	For learners who can use Chinese for personal lives, study and/or work, and most communication while travelling.
Level 4	Intermediate	447	1064	600	1200	For learners who can discuss a relatively wide range of topics in Chinese with native speakers.
Level 5	Advanced	621	1685	1300	2500	For learners who can read Chinese newspapers and magazines, understand Chinese films and TV, and can write and deliver a full speech in Chinese.
Level 6	Advanced	978	2663	2500	5000	For learners who can easily understand any information they read and hear in Chinese and can express themselves fluently in both the written and spoken form of the language.

Guide to the characters pages
The diagram below explains the information on the characters pages.

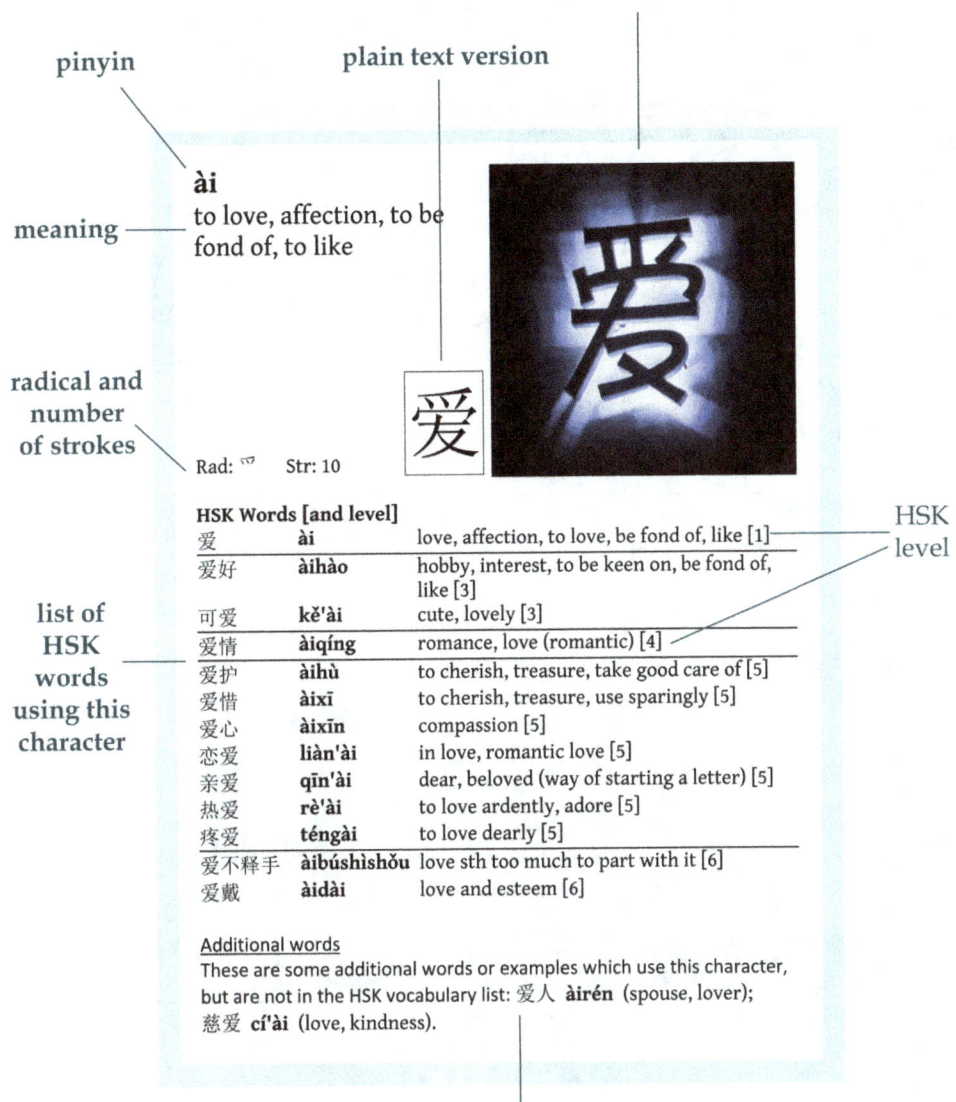

Chinese Characters for HSK: Level 1

Chinese Characters for HSK: Level 1

Sheldon Smith

ài
to love, affection, to be fond of, to like

Rad: 爫   Str: 10

HSK Words [and level]

爱	ài	love, affection, to love, be fond of, like [1]
爱好	àihào	hobby, interest, to be keen on, be fond of, like [3]
可爱	kě'ài	cute, lovely [3]
爱情	àiqíng	romance, love (romantic) [4]
爱护	àihù	to cherish, treasure, take good care of [5]
爱惜	àixī	to cherish, treasure, use sparingly [5]
爱心	àixīn	compassion [5]
恋爱	liàn'ài	in love, romantic love [5]
亲爱	qīn'ài	dear, beloved (way of starting a letter) [5]
热爱	rè'ài	to love ardently, adore [5]
疼爱	téngài	to love dearly [5]
爱不释手	àibúshìshǒu	love sth too much to part with it [6]
爱戴	àidài	love and esteem [6]

Additional words
These are some additional words or examples which use this character, but are not in the HSK vocabulary list: 爱人 **àirén** (spouse, lover); 慈爱 **cí'ài** (love, kindness).

Chinese Characters for HSK: Level 1

bā
eight, 8

 Rad: 八 Str: 2

八   **bā** eight, 8 [1]

Additional words
八月 **bāyuè** (August).

bà
father, dad

 Rad: 父 Str: 8

爸爸   **bàba** dad, father [1]

bēi
cup, measure word (for cupfuls)

 Rad: 木   Str: 8

杯子	**bēizi**	cup, glass [1]
干杯	**gānbēi**	drink a toast, cheers, bottoms up [4]

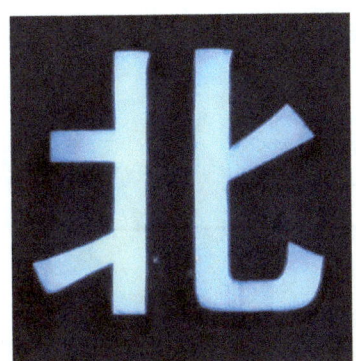

běi
north

 Rad: 匕   Str: 5

北京	**běijīng**	Beijing [1]
北方	**běifāng**	north, the northern part a country, China north of the Yellow River [3]
北极	**běijí**	North pole [6]
南辕北辙	**nányuánběichè**	diametrically opposite, complete opposites [6]

Additional words
东北 **dōngběi** (northeast).

běn
basis, origin, roots or stems of plants, this, the current, measure word (for books, files, etc.)

Rad: 木   Str: 5

本	**běn**	basis, origin, roots or stems of plants, this, the current, measure word (for books, files etc.) [1]
笔记本	**bǐjìběn**	notebook (computer) [3]
本来	**běnlái**	original [4]
本科	**běnkē**	undergraduate (course) [5]
本领	**běnlǐng**	skill, ability, capability [5]
本质	**běnzhì**	essence, nature [5]
根本	**gēnběn**	root, essence, basic, fundamental [5]
基本	**jīběn**	basic, fundamental, on the whole [5]
版本	**bǎnběn**	edition, version [6]
本能	**běnnéng**	instinct [6]
本钱	**běnqián**	capital [6]
本人	**běnrén**	I, me, myself, oneself [6]
本身	**běnshēn**	itself, in itself [6]
本事	**běnshi**	skill, ability, capability [6]
标本	**biāoběn**	specimen, demo [6]
成本	**chéngběn**	cost (manufacturing, production) [6]
剧本	**jùběn**	script (for play, opera, movie etc.), screenplay [6]
资本	**zīběn**	capital, asset [6]

Additional words
课本 **kèběn** (textbook); 资本主义 **zīběnzhǔyì** (capitalism).

bù
not, no, negative prefix

bú
used before tone 4

Rad: 一   Str: 4

不客气	**búkèqi**	don't mention it, you're welcome [1]
不	**bù**	not, no [1]
对不起	**duìbuqǐ**	sorry, excuse me, let down [1]
不但	**búdàn**	not only... (but also...) [4]
不过	**búguò**	only, though [4]
不得不	**bùdébù**	have to, have no choice but to [4]
不管	**bùguǎn**	no matter, regardless of [4]
不仅	**bùjǐn**	not only [4]
差不多	**chàbuduō**	almost, nearly, more or less [4]
来不及	**láibují**	there's not enough time, it's too late [4]
受不了	**shòubuliǎo**	unbearable, can't stand [4]
不断	**búduàn**	unceasing, continuous [5]
不见得	**bújiàndé**	not necessarily, not likely [5]
不耐烦	**búnàifán**	impatient, impatience [5]
不要紧	**búyàojǐn**	doesn't matter [5]
不安	**bù'ān**	uneasy, disturbed [5]
不得了	**bùdéliǎo**	extremely, exceedingly, disastrous [5]
不然	**bùrán**	otherwise [5]
不如	**bùrú**	not as good as, better to [5]
不足	**bùzú**	not enough, insufficient, inadequate [5]
怪不得	**guàibude**	no wonder, so that's why, put no blame on [5]
看不起	**kànbuqǐ**	look down on, despise [5]
了不起	**liǎobuqǐ**	great, extraordinary [5]
忍不住	**rěnbuzhù**	cannot help, cannot resist, cannot bear [5]
舍不得	**shěbude**	hate to part with/spend/use, begrudge [5]
说不定	**shuōbudìng**	cannot say for sure, maybe, perhaps [5]

Chinese Characters for HSK: Level 1

要不	**yàobù**	otherwise, or else, or [5]
爱不释手	**àibúshìshǒu**	love sth too much to part with it [6]
巴不得	**bābude**	anxious, look forward to [6]
不顾	**búgù**	regardless of, in spite of [6]
不愧	**búkuì**	be worthy of, deserve to be called [6]
不料	**búliào**	unexpectedly, to one's surprise [6]
不像话	**búxiànghuà**	outrageous, shocking [6]
不屑一顾	**búxièyígù**	be beneath sb [6]
不得已	**bùdéyǐ**	have no alternative but to [6]
不妨	**bùfáng**	might as well, no harm in [6]
不敢当	**bùgǎndāng**	you flatter me [6]
不禁	**bùjīn**	cannot help, cannot refrain from [6]
不堪	**bùkān**	can't bear, can't stand [6]
不可思议	**bùkěsīyì**	incredible, inconceivable [6]
不免	**bùmiǎn**	inevitably, would naturally [6]
不时	**bùshí**	often, frequently, at any time, now and again [6]
不惜	**bùxī**	not spare, not hesitate [6]
不相上下	**bùxiāngshàngxià**	about the same, equally matched [6]
不言而喻	**bùyánéryù**	it is self-evident [6]
不由得	**bùyóude**	can't help, cannot but [6]
不择手段	**bùzéshǒuduàn**	by hook or by crook [6]
不止	**bùzhǐ**	be not limited to, be more than, not stop [6]
层出不穷	**céngchūbùqióng**	emerge in an endless stream [6]
川流不息	**chuānliúbùxī**	a constant flow (of traffic, people etc.) [6]
大不了	**dàbuliǎo**	at worst, if worst comes to worst [6]
得不偿失	**débùchángshī**	the gains do not make up for the losses [6]
供不应求	**gōngbúyìngqiú**	supply falls short of demand [6]
恨不得	**hènbude**	hate that one cannot, really want to [6]
刻不容缓	**kèbùrónghuǎn**	instant, immediate, or great urgency [6]
络绎不绝	**luòyìbùjué**	in an endless stream [6]
迫不及待	**pòbùjídài**	can't wait (for), be really excited about [6]
锲而不舍	**qiè'érbùshě**	work with perseverance [6]
滔滔不绝	**tāotāobùjué**	go on and on, talk endlessly [6]
微不足道	**wēibùzúdào**	not worth mentioning, inconsiderable [6]
无微不至	**wúwēibúzhì**	meticulously, in every possible way [6]
一丝不苟	**yìsī-bùgǒu**	meticulous, meticulously [6]
有条不紊	**yǒutiáobùwěn**	systematic, methodical, methodically [6]

Additional words

不必 **búbì** (needn't); 不错 **búcuò** (not bad); 毫不 **háobù** (not at all).

cài
vegetables, dish, course

菜 Rad: 艹 Str: 11

菜	**cài**	dish, course, vegetables, greens [1]
菜单	**càidān**	menu [3]
蔬菜	**shūcài**	vegetable, greens [5]

chá
tea, tea plant

 Rad: 艹 Str: 9

茶　**chá**　tea [1]

<u>Additional words</u>
茶叶 **cháyè** (tea leaves); 茉莉花茶 **mòlihuāchá** (jasmine tea).

Chinese Characters for HSK: Level 1

chē
car, vehicle

车

Rad: 车   Str: 4

Notes
Also pronounced **jū** (a piece in Chinese chess).

出租车	**chūzūchē**	taxi [1]
公共汽车	**gōnggòngqìchē**	bus (for public transit) [2]
火车站	**huǒchēzhàn**	train station [2]
自行车	**zìxíngchē**	bike, bicycle [3]
堵车	**dǔchē**	traffic jam [4]
车库	**chēkù**	garage, hanger [5]
车厢	**chēxiāng**	railway carriage, railroad car [5]
救护车	**jiùhùchē**	ambulance [5]
卡车	**kǎchē**	lorry, truck [5]
列车	**lièchē**	train [5]
摩托车	**mótuōchē**	motorcycle, motorbike [5]
刹车	**shāchē**	to brake (when driving) [6]

Additional words
火车 **huǒchē** (train); 缆车 **lǎnchē** (cable car); 停车场 **tíngchēchǎng** (car park).

Sheldon Smith

chī
eat, eradicate, destroy

Rad: 口   Str: 6

Notes
Also pronounced **qī** (the sound of giggling).

吃	**chī**	to eat, eradicate, destroy [1]
好吃	**hǎochī**	delicious, tasty, good to eat [2]
吃惊	**chījīng**	be startled, be shocked [4]
小吃	**xiǎochī**	snack [4]
吃亏	**chīkuī**	suffer losses, be in an unfavourable situation [5]
吃苦	**chīkǔ**	bear hardships, suffer [6]
吃力	**chīlì**	strenuous, painstaking, tiring, wearing [6]

Additional words
吃醋 **chīcù** (be jealous, e.g. in love affair).

chū
to go out, come out, emit, issue, produce, measure word (for dramas, plays, operas etc)

Rad: 凵   Str: 5

出租车	chūzūchē	taxi [1]
出	chū	to go out, come out, emit, issue, produce, measure word (for dramas, plays, operas etc.) [2]
出差	chūchāi	go on a business trip [4]
出发	chūfā	set out, start from [4]
出生	chūshēng	be born [4]
出现	chūxiàn	appear, arise, emerge [4]
演出	yǎnchū	perform, put on a show, performance [4]
出版	chūbǎn	publish [5]
出口	chūkǒu	exit [5]
出色	chūsè	excellent, outstanding [5]
出示	chūshì	produce, production [5]
出席	chūxí	attend, be present [5]
突出	tūchū	outstanding, stand out [5]
层出不穷	céngchūbùqióng	emerge in an endless stream [6]
出路	chūlù	way out, outlet [6]
出卖	chūmài	betray, sell out, sell [6]
出身	chūshēn	be born into, origin, family background [6]
出神	chūshén	entranced [6]
出息	chūxi	prospect, aspiration, promise [6]
杰出	jiéchū	outstanding [6]
支出	zhīchū	to spend, pay out, expense [6]

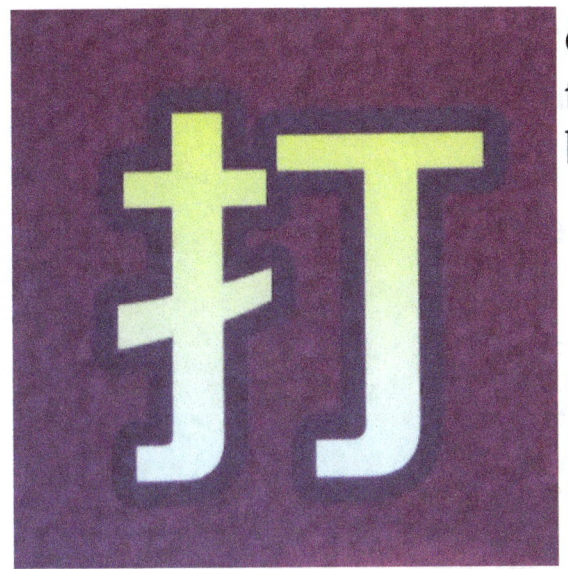

dǎ
to hit, strike, beat, get, play, break, shoot, calculate

Rad: 扌　Str: 5

打电话	**dǎdiànhuà**	to make a telephone call [1]
打篮球	**dǎlánqiú**	play basketball [2]
打扫	**dǎsǎo**	to clean, sweep [3]
打算	**dǎsuàn**	to plan, intend, calculate, intention, calculation [3]
打扮	**dǎban**	to decorate, to dress, to make up, to adorn [4]
打扰	**dǎrǎo**	to disturb, to bother, to trouble [4]
打印	**dǎyìn**	to print (e.g. using computer printer) [4]
打招呼	**dǎzhāohu**	to notify, warn, greet sb, say hello [4]
打折	**dǎzhé**	to be on offer, give a discount [4]
打针	**dǎzhēn**	to give or have an injection [4]
打工	**dǎgōng**	to work (do manual labour for a living) [5]
打交道	**dǎjiāodao**	come into contact with, have dealings with [5]
打喷嚏	**dǎpēntì**	to sneeze [5]
打听	**dǎting**	to ask about, inquire about [5]
打包	**dǎbāo**	to pack, wrap, ask for a doggy bag (at restaurant) [6]
打官司	**dǎguānsi**	to sue, file a lawsuit [6]
打击	**dǎjī**	to hit, to strike, to attack [6]
打架	**dǎjià**	to fight, to scuffle, to come to blows [6]
打量	**dǎliang**	to size sb up, to take measure of, to suppose [6]
打猎	**dǎliè**	to go hunting [6]
打仗	**dǎzhàng**	to go to war, make war, fight [6]
精打细算	**jīngdǎxìsuàn**	calculate carefully and budget strictly [6]
殴打	**ōudǎ**	to beat up, to come to blows, battery (law) [6]
无精打采	**wújīngdǎcǎi**	listless, dispirited [6]

Chinese Characters for HSK: Level 1

dà
big

dài
doctor

Rad: 大   Str: 3

大	dà	big, great, loud [1]
大家	dàjiā	everybody, all [2]
大概	dàgài	probably, general, broad outline [4]
大使馆	dàshǐguǎn	embassy [4]
大约	dàyuē	approximate, about [4]
大夫	dàifu	doctor, physician [4]
大方	dàfang	of good taste, generous, natural and poised [5]
大厦	dàshà	mansion, large building [5]
大象	dàxiàng	elephant [5]
大型	dàxíng	large-scale, large [5]
广大	guǎngdà	extensive, vast, wide [5]
巨大	jùdà	huge, enormous [5]
扩大	kuòdà	enlarge, expand, extend [5]
伟大	wěidà	great, mighty [5]
重大	zhòngdà	great, important, major, significant [5]
博大精深	bódàjīngshēn	of extensive knowledge and deep scholarship [6]
大不了	dàbuliǎo	at worst, if worst comes to worst [6]
大臣	dàchén	minister [6]
大伙儿	dàhuǒr	everybody [6]
大肆	dàsì	without restraint, wantonly [6]
大体	dàtǐ	in general [6]
大意	dàyi	main idea, general idea, gist, main points [6]
大致	dàzhì	general, rough, overall [6]
放大	fàngdà	enlarge, amplify [6]
恍然大悟	huǎngrándàwù	suddenly see the light [6]
庞大	pángdà	enormous [6]

de
of (possessive particle)
dì
goal
dí
true, real

Rad: 白   Str: 8

的	**de**	of (particle to form an attribute) [1]
目的	**mùdì**	aim, purpose, goal [4]
的确	**díquè**	indeed, really [5]
似的	**shìde**	seem as if [5]

Additional words
我的 **wǒde** (my, mine).

Chinese Characters for HSK: Level 1

diǎn
drop (of liquid), dot, decimal point, a little, o'clock, order food, light (a fire), measure word (for small amounts)

Rad: 灬   Str: 9

点	**diǎn**	drop (of liquid), dot, decimal point, a little, o'clock, to order food or drink, light (a fire), measure word (for small amounts) [1]
一点儿	**yīdiǎnr**	a bit, a few, a little [1]
地点	**dìdiǎn**	place, site, locale [4]
缺点	**quēdiǎn**	shortcoming, defect, weakness [4]
特点	**tèdiǎn**	characteristic (feature), trait, feature [4]
优点	**yōudiǎn**	merit, advantage, strong point [4]
重点	**zhòngdiǎn**	focal point, stress, emphasised [4]
标点	**biāodiǎn**	punctuation, a punctuation mark, to punctuate [5]
点心	**diǎnxin**	light refreshments, pastry, dim sum (in Cantonese cooking), dessert [5]
观点	**guāndiǎn**	viewpoint, standpoint [5]
点缀	**diǎnzhuì**	to enhance, beautify, intersperse [6]
焦点	**jiāodiǎn**	focus, focal point [6]
弱点	**ruòdiǎn**	weakness [6]
要点	**yàodiǎn**	main point, essential, gist, strongpoint [6]
终点	**zhōngdiǎn**	the end, end point, finishing line (in a race), destination, terminus [6]

Additional words
沸点 **fèidiǎn** (boiling point).

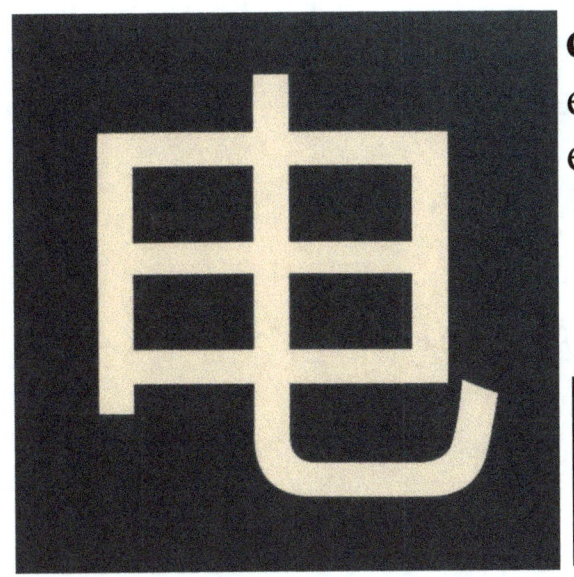

diàn
electric, electricity,
electrical, lightning

Rad: 田   Str: 5

打电话	**dǎdiànhuà**	to make a telephone call [1]
电脑	**diànnǎo**	computer [1]
电视	**diànshì**	television, TV [1]
电影	**diànyǐng**	film, movie [1]
电梯	**diàntī**	elevator, lift, escalator [3]
电子邮件	**diànzǐyóujiàn**	email [3]
充电器	**chōngdiànqì**	electric charger [5]
电池	**diànchí**	battery, electric cell [5]
电台	**diàntái**	transceiver, broadcasting station [5]
闪电	**shǎndiàn**	lightning [5]
电源	**diànyuán**	power supply [6]

Additional words
电话 **diànhuà** (phone); 电流 **diànliú** (electric current); 电筒 **diàntǒng** (torch, flashlight); 静电 **jìngdiàn** (static electricity).

diàn
shop, store

Rad: 广　Str: 8

| 饭店 | **fàndiàn** | restaurant, hotel [1] |
| 商店 | **shāngdiàn** | shop, store [1] |

dōng
east, master, family name

Rad: 一　Str: 5

东西	**dōngxi**	thing, creature [1]
东	**dōng**	east [3]
房东	**fángdōng**	landlord [4]
东道主	**dōngdàozhǔ**	host [6]
东张西望	**dōngzhāngxīwàng**	to glance around, look in all directions [6]
股东	**gǔdōng**	stockholder [6]

Additional words
东北 **dōngběi** (northeast).

dōu
all, both, each
dū
capital city

 Rad: 阝   Str: 10

都	**dōu**	all, both, even, already [1]
首都	**shǒudū**	capital (city) [4]

dú
to read

 Rad: 讠   Str: 10

Notes
Also pronounced **dòu** (pause in reading).

读	**dú**	to read, the reading (i.e. pronunciation) of a word [1]
阅读	**yuèdú**	to read, reading [4]
朗读	**lǎngdú**	to read aloud [5]

Chinese Characters for HSK: Level 1

duì
correct, mutual, pair, opposite

Rad: 寸   Str: 5

对不起	**duìbuqǐ**	sorry, excuse me, let down [1]
对	**duì**	right, correct, pair, couple [2]
对话	**duìhuà**	have a dialogue, dialogue [4]
对面	**duìmiàn**	opposite [4]
对于	**duìyú**	for, about, regarding [4]
反对	**fǎnduì**	oppose, fight, be against [4]
对比	**duìbǐ**	compare, contrast, comparison [5]
对待	**duìdài**	treat, approach [5]
对方	**duìfāng**	other person involved, receiving party [5]
对手	**duìshǒu**	rival, adversary, opponent [5]
对象	**duìxiàng**	object, target, boyfriend or girlfriend [5]
绝对	**juéduì**	absolute [5]
面对	**miànduì**	face, confront, meet [5]
相对	**xiāngduì**	face each other, be opposite, relative [5]
针对	**zhēnduì**	be aimed at, be directed against [5]
对策	**duìcè**	countermeasure [6]
对称	**duìchèn**	symmetrical, symmetry [6]
对付	**duìfu**	deal with [6]
对抗	**duìkàng**	to withstand, resist, antagonise, antagonism [6]
对立	**duìlì**	oppose, counter, go against [6]
对联	**duìlián**	rhyming couplet, pair of lines of verse written vertically down the sides of a doorway [6]
对应	**duìyìng**	to correspond, correspondence, matching [6]
对照	**duìzhào**	to contrast, compare, place side by side (for comparison) [6]

Sheldon Smith

duō
many, much, more

Rad: 夕   Str: 6

多	**duō**	many, much, more [1]
多少	**duōshao**	how many, how much [1]
多么	**duōme**	how (wonderful etc.), what (a great idea etc.), however (difficult it may be etc.) [3]
差不多	**chàbuduō**	almost, nearly, more or less [4]
许多	**xǔduō**	many, much, a lot of [4]
多亏	**duōkuī**	be lucky to, it is fortunate that, thanks to, luckily [5]
多余	**duōyú**	unnecessary, needless, uncalled for, surplus [5]
多元化	**duōyuánhuà**	diversify, diversification [6]
见多识广	**jiànduōshíguǎng**	informed, knowledgeable and experienced [6]

Additional words
多大 **duōdà** (How large? How old?).

Chinese Characters for HSK: Level 1

ér
child, son

r
noun suffix

Rad: 儿   Str: 2

Notes
Also pronounced **rén** (when referring to the radical).

儿子	**érzi**	son [1]
哪儿	**nǎr**	where?, wherever, anywhere [1]
女儿	**nǚ'ér**	daughter [1]
一点儿	**yīdiǎnr**	a bit, a few, a little [1]
一会儿	**yíhuìr**	a little while, a moment [3]
儿童	**értóng**	child [4]
干活儿	**gànhuór**	to work, manual labour [5]
使劲儿	**shǐjìnr**	keep at it, give everything one has [5]
幼儿园	**yòu'éryuán**	kindergarten, nursery school [5]
大伙儿	**dàhuǒr**	everybody [6]
墨水儿	**mòshuǐr**	ink [6]
纳闷儿	**nàmènr**	feel puzzled [6]
纽扣儿	**niǔkòur**	button [6]
玩意儿	**wányìr**	toy, plaything, thing, act, trick (in a performance, stage show, acrobatics etc.) [6]
馅儿	**xiànr**	stuffing, filling (e.g. in dumpling) [6]
心眼儿	**xīnyǎn'er**	mind, idea [6]
婴儿	**yīng'ér**	baby, infant [6]

Additional words
孤儿 **gūér** (orphan); 这儿 **zhèr** (here).

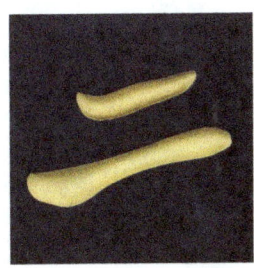 **èr**
two, 2

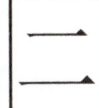 Rad: 二 Str: 2

二	**èr**	two, 2 [1]
二氧化碳	**èryǎnghuàtàn**	carbon dioxide [6]

Additional words
二月 **èryuè** (February).

 **fàn**
food, cuisine, cooked rice, meal

 Rad: 饣 Str: 7

饭店	**fàndiàn**	restaurant, hotel [1]
米饭	**mǐfàn**	rice (cooked) [1]

Additional words
炒饭 **chǎofàn** (fried rice); 饭馆 **fànguǎn** (restaurant).

 **fēi**
to fly

 Rad: 飞 Str: 3

飞机	**fēijī**	aircraft, airplane [1]
起飞	**qǐfēi**	to take off (of aircraft, rocket, economy, business etc.) [3]
飞禽走兽	**fēiqínzǒushòu**	the birds and the beasts [6]
飞翔	**fēixiáng**	fly [6]
飞跃	**fēiyuè**	to leap [6]

fēn
to divide, fraction, minute, cent
fèn
limits of rights or duty

Rad: 刀   Str: 4

分钟	fēnzhōng	minute (of time) [1]
分	fēn	to divide, separate, allocate, distinguish (good and bad), part, fraction, one tenth, minute, a point (in sports, 0.01 Yuan [3]
百分之	bǎifēnzhī	percentage [4]
部分	bùfen	part, section, component, share, piece [4]
十分	shífēn	very, fully, utterly, extremely [4]
成分	chéngfèn	ingredient [5]
充分	chōngfèn	ample, full, abundant [5]
分别	fēnbié	to separate, distinguish, respectively [5]
分布	fēnbù	be distributed, be scattered, be dispersed [5]
分配	fēnpèi	to assign, allocate, distribute [5]
分手	fēnshǒu	to break up, separate [5]
分析	fēnxī	to analyse, analysis [5]
过分	guòfèn	excessive, undue, extravagant [5]
处分	chǔfèn	punishment, punish [6]
分辨	fēnbiàn	defend oneself against a charge [6]
分寸	fēncun	proper limits for speech or action [6]
分红	fēnhóng	a bonus, to award a bonus [6]
分解	fēnjiě	to decompose, resolve, break down, recount [6]
分裂	fēnliè	to split, break up, divide, separate [6]
分泌	fēnmì	to secrete [6]
分明	fēnmíng	clear, distinct, obvious, plain [6]
分歧	fēnqí	difference (of opinion, position), bifurcation [6]
分散	fēnsàn	distract, divert, decentralise, disperse, distribute [6]
分量	fènliàng	weight, measure [6]
划分	huàfēn	divide up [6]
区分	qūfēn	to differentiate, to find differing aspects [6]
万分	wànfēn	very much, extremely [6]

fú
clothes, dress, garment, obey, submit

Rad: 月   Str: 8

衣服	**yīfu**	clothes, clothing [1]
服务员	**fúwùyuán**	waiter, waitress, attendant [2]
舒服	**shūfu**	comfortable, feeling well [3]
服装	**fúzhuāng**	dress, clothing, costume, clothes [5]
克服	**kèfú**	to overcome (hardships etc), to conquer, to put up with, to endure [5]
佩服	**pèifu**	to admire [5]
说服	**shuōfú**	persuade, convince [5]
服从	**fúcóng**	to obey (an order), comply, defer [6]
服气	**fúqì**	be convinced [6]
屈服	**qūfú**	to surrender, to yield [6]
羽绒服	**yǔróngfú**	down jacket [6]
征服	**zhēngfú**	to conquer, subjugate, subdue [6]
制服	**zhìfú**	to subdue, to check, to bring under control, uniform (army, party, school etc.) [6]

gāo
high, tall, family name

Rad: 高　Str: 10

高兴	**gāoxìng**	glad, cheerful, be happy to [1]
高	**gāo**	tall, high, of a high degree [2]
提高	**tígāo**	to raise, heighten, enhance, increase [3]
高速公路	**gāosùgōnglù**	motorway, highway, expressway [4]
高档	**gāodàng**	superior quality, high grade [5]
高级	**gāojí**	higher-grade, high-quality, advanced, high-ranking [5]
崇高	**chónggāo**	lofty, high, sublime [6]
高超	**gāochāo**	outstanding, superb, excellent [6]
高潮	**gāocháo**	high tide, upsurge, climax, orgasm [6]
高峰	**gāofēng**	peak, pinnacle, acme, apex, zenith [6]
高明	**gāomíng**	wise [6]
高尚	**gāoshàng**	noble, lofty, sublime [6]
高涨	**gāozhǎng**	upsurge, run high (of tensions etc.) [6]
兴高采烈	**xìnggāocǎiliè**	be in high spirits, be enraptured [6]

gè
individual, oneself, measure word (for people or objects in general)

Rad: 人　Str: 3

个	**gè**	measure word (for people or objects in general) [1]
个子	**gèzi**	height, stature, build [3]
个别	**gèbié**	respective, respectively, individual [5]
个人	**gèrén**	individual, personal, oneself [5]
个性	**gèxìng**	personality, individuality, character [5]
整个	**zhěnggè**	whole, entire [5]
个体	**gètǐ**	individual [6]

gōng
work, job, skill, labour

 Rad: 工   Str: 3

工作	**gōngzuò**	work, job [1]
工资	**gōngzī**	wages, pay, salary [4]
打工	**dǎgōng**	to work (do manual labour for a living) [5]
工厂	**gōngchǎng**	factory [5]
工程师	**gōngchéngshī**	engineer [5]
工具	**gōngjù**	tool [5]
工人	**gōngrén**	worker, workman [5]
工业	**gōngyè**	industry [5]
手工	**shǒugōng**	handwork, manual [5]
员工	**yuángōng**	employee, staff [5]
罢工	**bàgōng**	strike, to go on strike [6]
工艺品	**gōngyìpǐn**	handicraft [6]
加工	**jiāgōng**	process, machining, working [6]
人工	**réngōng**	manmade, artificial [6]

Additional words

工程 **gōngchéng** (engineering project); 工夫 **gōngfu** (time, duration, skill); 职工 **zhígōng** (staff).

gǒu
dog

Rad: 犭   Str: 8

狗　　**gǒu**　dog [1]

Additional words
猎狗 **liègǒu** (hound).

guān
to shut, close, turn off, close down, concern, key part, family name

Rad: ⺌   Str: 6

没关系	**méiguānxi**	never mind, it doesn't matter [1]
关	**guān**	to shut, close, turn off, close down, concern, key part, family name [3]
关系	**guānxì**	relation, relationship [3]
关心	**guānxīn**	be concerned with, care for [3]
关于	**guānyú**	about, on, concerning, regarding [3]
关键	**guānjiàn**	crux, key, hinge [4]
关闭	**guānbì**	to close, shut [5]
海关	**hǎiguān**	customs [5]
相关	**xiāngguān**	correlate, correlation [5]
把关	**bǎguān**	to guard a pass, to check on sth [6]
公关	**gōngguān**	public relations [6]
关怀	**guānhuái**	care for, show solicitude for, be concerned about [6]
关照	**guānzhào**	look after, keep an eye on [6]

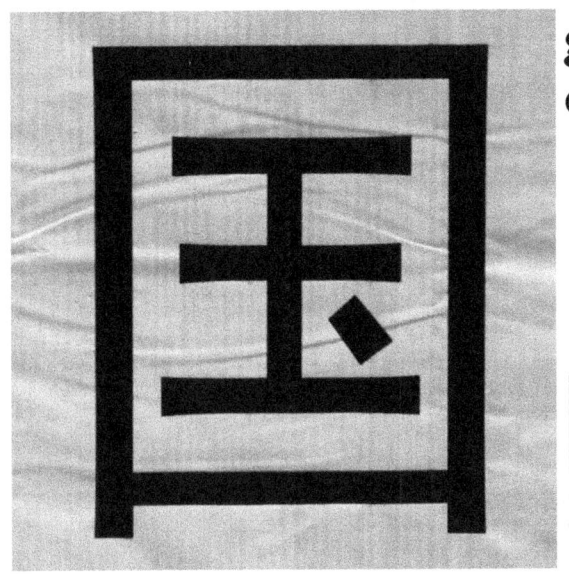

guó
country, state, nation

Rad: 囗   Str: 8

中国	**zhōngguó**	China [1]
国家	**guójiā**	country, state, nation [3]
国籍	**guójí**	nationality, citizenship, national identity [4]
国际	**guójì**	international [4]
国庆节	**guóqìngjié**	National Day (October 1) [5]
国王	**guówáng**	king [5]
共和国	**gònghéguó**	republic [6]
国防	**guófáng**	national defence [6]
国务院	**guówùyuàn**	State Council (in China), State Department (in the US) [6]
祖国	**zǔguó**	motherland, fatherland, homeland [6]

Additional words

帝国 **dìguó** (empire); 俄国 **éguó** (Russia); 法国 **fǎguó** (France); 美国 **měiguó** (USA); 泰国 **tàiguó** (Thailand); 王国 **wángguó** (kingdom, realm, domain); 英国 **yīngguó** (England).

guǒ
fruit, result, outcome, truly, as expected

Rad: 木   Str: 8

苹果	**píngguǒ**	apple [1]
水果	**shuǐguǒ**	fruit [1]
如果	**rúguǒ**	if, in case, in the event of [3]
果汁	**guǒzhī**	fruit juice [4]
结果	**jiéguǒ**	result, consequence [4]
效果	**xiàoguǒ**	effect, result [4]
成果	**chéngguǒ**	gain, achievement, positive result [5]
果然	**guǒrán**	as expected, really, sure enough [5]
果实	**guǒshí**	fruit, gains [5]
后果	**hòuguǒ**	consequence, aftermath [5]
果断	**guǒduàn**	firm, decisive [6]

hàn
Chinese, name of a dynasty

Rad: 氵   Str: 5

汉语   **hànyǔ** Chinese, the Chinese language [1]

Additional words
汉字 **hànzì** (Chinese character).

Sheldon Smith

hǎo
good, well, proper

hào
to like

Rad: 女　Str: 6

好	**hǎo**	good, well, proper, good to, easy to, very, so, verb suffix (indicating completion or readiness) [1]
好吃	**hǎochī**	delicious, tasty, good to eat [2]
爱好	**àihào**	hobby, interest, to be keen on, be fond of, like [3]
好处	**hǎochu**	benefit, advantage, gain, profit (also pronounced hǎochù) [4]
好像	**hǎoxiàng**	as if, seem like, it seems [4]
友好	**yǒuhǎo**	friendly, amicable [4]
正好	**zhènghǎo**	just in time, just right, just enough [4]
只好	**zhǐhǎo**	have to, be forced to [4]
最好	**zuìhǎo**	had better, it would be best [4]
好客	**hàokè**	hospitable [5]
好奇	**hàoqí**	curious, inquisitive [5]
良好	**liánghǎo**	good, favourable, well, fine [5]
恰到好处	**qiàdàohǎochù**	just right [6]
讨好	**tǎohǎo**	fawn on, ingratiate oneself with [6]

Additional words
好用 **hǎoyòng** (useful); 很好 **hěnhǎo** (very good); 你好 **nǐhǎo** (Hello!).

Chinese Characters for HSK: Level 1

hào
number, day of the month, roar, cry

号 Rad: 口   Str: 5

号	hào	day of the month, number [1]
号码	hàomǎ	number [4]
挂号	guàhào	to register (a letter, hospital appointment etc.) [5]
信号	xìnhào	signal [5]
称号	chēnghào	title, term of address [6]
符号	fúhào	symbol, mark [6]
号召	hàozhào	summon, call up, appeal, call [6]

hē
to drink

 Rad: 口   Str: 12

喝   hē to drink [1]

hé
and, harmony, mild
huo
nice and warm
hè
join in singing

Rad: 口   Str: 8

Notes
Also pronounced **hé** (Japan), **huó** (mix with water) and **huò** (mix, blend).

和	**hé**	and, with, to [1]
暖和	**nuǎnhuo**	nice and warm [4]
和平	**hépíng**	peace [5]
饱和	**bǎohé**	saturated, saturation [6]
附和	**fùhè**	parrot, copy sb's action or words [6]
共和国	**gònghéguó**	republic [6]
和蔼	**hé'ǎi**	kind, good-tempered [6]
和解	**héjiě**	settle, compromise [6]
和睦	**hémù**	concord, harmony [6]
和气	**héqi**	kindly [6]
和谐	**héxié**	harmonious [6]
缓和	**huǎnhé**	assuage, ease up, mitigated, relaxed [6]
柔和	**róuhé**	soft, mild [6]
调和	**tiáohé**	harmonious, harmony [6]
温和	**wēnhé**	temperate, moderate, mild, genial [6]
总和	**zǒnghé**	summation [6]

hěn
very, quite, extremely

 Rad: 亻   Str: 9

很   **hěn** very, quite, extremely [1]

Additional words
很好 **hěnhǎo** (very good).

hòu
wait

 Rad: 亻   Str: 10

时候	**shíhou**	time, when [1]
气候	**qìhòu**	climate [4]
问候	**wènhòu**	to give one's respects, to send a greeting [5]
伺候	**cìhou**	to wait upon, serve [6]
等候	**děnghòu**	wait, await, expect [6]
候选	**hòuxuǎn**	candidate [6]

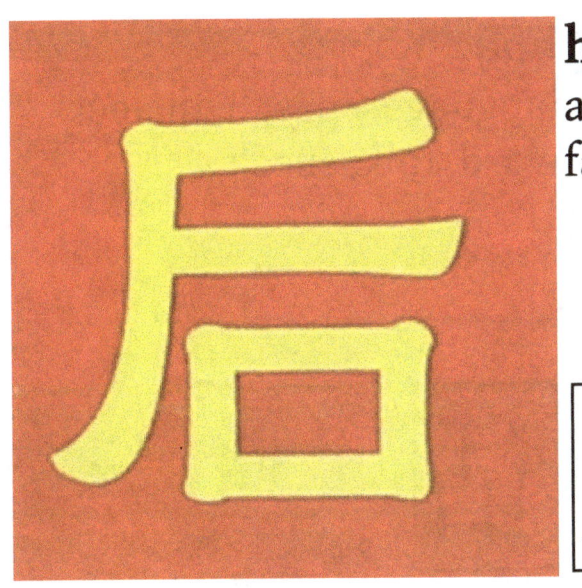

hòu
after, behind, back, queen, family name

Rad: 口   Str: 6

后面	**hòumiàn**	rear, back, behind, later, afterwards [1]
后来	**hòulái**	afterwards, after [3]
然后	**ránhòu**	then, afterwards, after that [3]
最后	**zuìhòu**	last, final, ultimate [3]
后悔	**hòuhuǐ**	to regret, repent [4]
后背	**hòubèi**	back [5]
后果	**hòuguǒ**	consequence, aftermath [5]
落后	**luòhòu**	backward, fall behind [5]
后代	**hòudài**	offspring, descendant, posterity, later generation [6]
后顾之忧	**hòugùzhīyōu**	worries (family, future etc.) [6]
后勤	**hòuqín**	rear service, logistics [6]
皇后	**huánghòu**	empress [6]
空前绝后	**kōngqiánjuéhòu**	unprecedented and never to be matched [6]
争先恐后	**zhēngxiānkǒnghòu**	strive to be the first, vie with each other [6]

Additional words
后天 **hòutiān** (the day after tomorrow).

Chinese Characters for HSK: Level 1

huà
language, speech, dialect, word, talk, speak

Rad: 讠   Str: 8

打电话	**dǎdiànhuà**	to make a telephone call [1]
说话	**shuōhuà**	speak, talk [2]
对话	**duìhuà**	have a dialogue, dialogue [4]
普通话	**pǔtōnghuà**	Mandarin, Putonghua (common speech of the Chinese language) [4]
笑话	**xiàohua**	joke, jest, laugh at, mock [4]
废话	**fèihuà**	nonsense, superfluous words, rubbish [5]
话题	**huàtí**	subject (of a talk or conversation), topic [5]
神话	**shénhuà**	mythology, myth, fairy tale [5]
实话	**shíhuà**	truthful words, truth [5]
不像话	**búxiànghuà**	outrageous, shocking [6]
话筒	**huàtǒng**	microphone [6]
俗话	**súhuà**	popular saying, folk adage, proverb [6]
童话	**tónghuà**	children's fairy tales [6]
闲话	**xiánhuà**	idle words, gossip, tattle, digression, complaint [6]

Additional words
电话 **diànhuà** (phone).

huān
happy, pleased, joyous

 Rad: 欠   Str: 6

喜欢	**xǐhuan**	love, like, be keen to, be fond of [1]
欢迎	**huānyíng**	welcome, greet, favourably receive [3]
欢乐	**huānlè**	happy, joyous, gay, delighted, cheerful [6]
联欢	**liánhuān**	have a get-together [6]

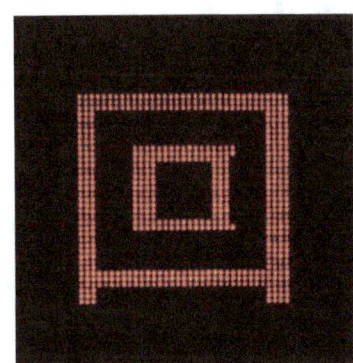

huí
return, reply, circle, Muslim, Hui (ethnic minority), measure word (for chapters, times, actions)

 Rad: 口   Str: 6

回	**huí**	circle, return, reply, Muslim, Hui (ethnic minority), measure word (for chapters, times, actions) [1]
回答	**huídá**	to reply, to answer, the answer [3]
回忆	**huíyì**	to recollect, recall [4]
回报	**huíbào**	reciprocation, payback, in return [6]
回避	**huíbì**	to evade, to shun, to avoid [6]
回顾	**huígù**	to review, look back [6]
回收	**huíshōu**	to reclaim, call back [6]
挽回	**wǎnhuí**	to retrieve, redeem [6]

Additional words
回来 **huílái** (come back).

huì
can, able, meet, meeting, society,
kuài
accounting

Rad: 人   Str: 6

会	huì	can, able, meet, meeting, society, union, party [1]
会议	huìyì	meeting, conference [3]
机会	jīhuì	chance, opportunity [3]
一会儿	yíhuìr	a little while, a moment [3]
聚会	jùhuì	get together, party [4]
社会	shèhuì	society [4]
误会	wùhuì	misunderstand, mistake, misunderstanding [4]
约会	yuēhuì	appointment, date, engagement [4]
会计	kuàijì	accountant, accountancy [5]
体会	tǐhuì	realise, know (through learning or experience) [5]
宴会	yànhuì	banquet, feast, dinner party [5]
博览会	bólǎnhuì	exhibition [6]
会晤	huìwù	to meet, meeting, conference [6]
聚精会神	jùjīnghuìshén	with complete concentration, with rapt attention [6]
领会	lǐnghuì	understand, comprehend, grasp [6]
省会	shěnghuì	provincial capital [6]
协会	xiéhuì	association, union [6]

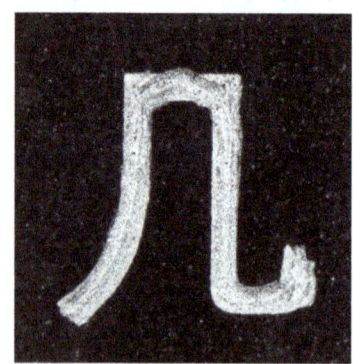

jī
almost
jǐ
how many, a few (with numerals)

Rad: 几   Str: 2

几	jǐ	how much, how many, several, a few [1]
几乎	jīhū	almost, nearly, practically [3]

jī
machine, opportunity

机

Rad: 木　Str: 6

飞机	**fēijī**	aircraft, airplane [1]
机场	**jīchǎng**	airport, airfield [2]
手机	**shǒujī**	cell phone, mobile phone [2]
机会	**jīhuì**	chance, opportunity [3]
司机	**sījī**	chauffeur, driver [3]
照相机	**zhàoxiàngjī**	camera [3]
登机牌	**dēngjīpái**	boarding pass [4]
机器	**jīqì**	machine [5]
动机	**dòngjī**	motive, intention, motivation, inner drive [6]
机动	**jīdòng**	power-driven, motorised [6]
机构	**jīgòu**	mechanism, structure, organization, agency, institution [6]
机灵	**jīling**	wise, clever [6]
机密	**jīmì**	secret, classified (information) [6]
机械	**jīxiè**	machinery, machine [6]
机遇	**jīyù**	opportunity [6]
机智	**jīzhì**	tactful, resourceful [6]
生机	**shēngjī**	vitality [6]
时机	**shíjī**	moment of opportunity, opportunity, opportune time [6]
收音机	**shōuyīnjī**	radio [6]
投机	**tóujī**	to speculate (on financial markets), opportunistic, congenial, agreeable [6]
危机	**wēijī**	crisis [6]

<u>Additional words</u>
耳机　**ěrjī**　(earphone, headphones).

jiā
home, house, family, furniture, person engaged in a profession, measure word (for families or businesses)

Rad: 宀   Str: 10

家	jiā	home, house, family, furniture, person engaged in a profession (corresponds to -ist, -er, -ary or -ian), measure word (for families or businesses) [1]
大家	dàjiā	everybody, all [2]
国家	guójiā	country, state, nation [3]
家具	jiājù	furniture [4]
作家	zuòjiā	writer [4]
家庭	jiātíng	family, household [5]
家务	jiāwù	housework [5]
家乡	jiāxiāng	hometown, native place [5]
专家	zhuānjiā	expert, specialist [5]
家常	jiācháng	the daily life of a family [6]
家伙	jiāhuo	guy, fellow, animal, thing, tool, weapon, utensil [6]
家属	jiāshǔ	family member, family dependent [6]
家喻户晓	jiāyùhùxiǎo	widely known, a household name [6]
人家	rénjiā	other people [6]
儒家	rújiā	Confucianism [6]

Additional words
搬家 **bānjiā** (move house).

Sheldon Smith

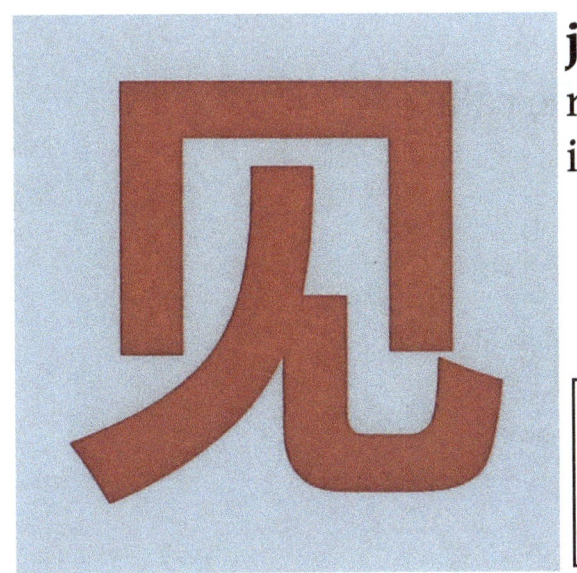

jiàn
meet, appear to be, see, interview

Rad: 见   Str: 4

看见	**kànjiàn**	to see, catch sight of [1]
再见	**zàijiàn**	goodbye, see you again later [1]
见面	**jiànmiàn**	to meet, see sb [3]
意见	**yìjiàn**	opinion, idea, view, objection [4]
不见得	**bújiàndé**	not necessarily, not likely [5]
可见	**kějiàn**	it is thus obvious that, we can see that, it shows that [5]
各抒己见	**gèshūjǐjiàn**	to air views [6]
罕见	**hǎnjiàn**	rare, rarely seen [6]
见多识广	**jiànduōshíguǎng**	informed, knowledgeable and experienced [6]
见解	**jiànjiě**	view, opinion, understanding [6]
见闻	**jiànwén**	knowledge, what one sees and hears [6]
见义勇为	**jiànyìyǒngwéi**	never hesitate to do what is right (idiom from the Analects) [6]
偏见	**piānjiàn**	prejudice [6]
喜闻乐见	**xǐwénlèjiàn**	a delight to see, an attractive spectacle [6]

Additional words

碰见 **pèngjiàn** (happen to meet); 听见 **tīngjiàn** (hear).

jiào
to call, to be called

Rad: 口   Str: 5

叫   **jiào** to call, be called [1]

Additional words
叫做 **jiàozuò** (be called, be known as).

jiě
older sister

姐
Rad: 女   Str: 8

小姐   **xiǎojiě** young lady, Miss [1]
姐姐   **jiějie**   elder sister [2]

jīn

today, modern, present, current, this, now

 Rad: 人　Str: 4

今天	**jīntiān**	today, present, now [1]
如今	**rújīn**	nowadays, now [5]
至今	**zhìjīn**	up to now, to this day, so far [5]
迄今为止	**qìjīnwéizhǐ**	so far, up to now [6]

Additional words
今年 **jīnnián** (this year).

jīng

capital, Beijing (abbrev.)

 Rad: 亠　Str: 8

北京	**běijīng**	Beijing [1]
京剧	**jīngjù**	Beijing opera [4]

Additional words
南京 **nánjīng** (Nanjing).

jiǔ
nine, 9

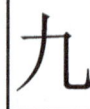
Rad: 丿 Str: 2

九   **jiǔ** nine, 9 [1]

Additional words
九月 **jiǔyuè** (September).

jué
feel, think, awake, aware

jiào
sleep

Rad: 见   Str: 9

睡觉	**shuìjiào**	to go to sleep, go to bed [1]
觉得	**juéde**	to think, feel [2]
感觉	**gǎnjué**	to feel, feeling [4]
自觉	**zìjué**	be aware of, conscious, conscientious [5]
发觉	**fājué**	to become aware, sense, realise, discover, detect [6]
觉悟	**juéwù**	consciousness, awareness [6]
觉醒	**juéxǐng**	to awaken, to come to realize, awakened to the truth [6]
嗅觉	**xiùjué**	sense of smell [6]
知觉	**zhījué**	feeling, consciousness [6]

Sheldon Smith

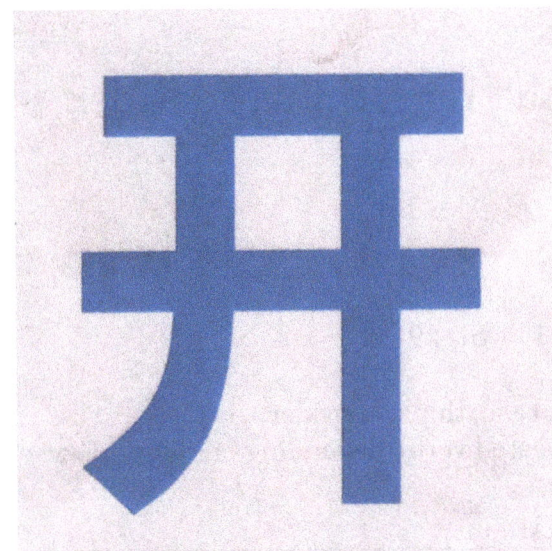

kāi
to open, operate (vehicle), start

Rad: 廾   Str: 4

开	kāi	to open, start, turn on, boil, operate (a vehicle) [1]
开始	kāishǐ	to begin, start, beginning [2]
离开	líkāi	to leave, depart from [3]
开玩笑	kāiwánxiào	to play a joke, make fun of, to joke [4]
开心	kāixīn	happy [4]
公开	gōngkāi	in public, overt, open, make public [5]
开发	kāifā	to exploit (a resource), to develop [5]
开放	kāifàng	to lift (a ban or restriction), to open to the outside world (politics), to open for public use [5]
开幕式	kāimùshì	opening ceremony [5]
开水	kāishuǐ	boiled water, boiling water [5]
展开	zhǎnkāi	to spread out, unfold, open up [5]
召开	zhàokāi	to convene (a conference or meeting), to call together [5]
敞开	chǎngkāi	wide open, to open up [6]
开采	kāicǎi	to extract (resource from a mine), to exploit, to mine [6]
开除	kāichú	to dismiss, discharge, expel [6]
开阔	kāikuò	wide, open (spaces), to open up [6]
开朗	kāilǎng	optimistic, cheerful, carefree [6]
开明	kāimíng	enlightened [6]
开辟	kāipì	to open up, set up, start [6]
开拓	kāituò	to break new ground, to open up (a new seam), to develop (border regions), fig. to open up (new horizons) [6]
开展	kāizhǎn	to carry out, develop, launch [6]
开支	kāizhī	expenditures, pay, expenses [6]
盛开	shèngkāi	blooming, in full flower [6]

kàn
to see, look at, read, think, consider

 Rad: 目   Str: 9

看	**kàn**	to see, look at, watch, read, think, consider, visit, regard as, give it a try (after repeated verb), depending on (how you are judging) [1]
看见	**kànjiàn**	to see, catch sight of [1]
看法	**kànfǎ**	way of looking at a thing, view, opinion [4]
看不起	**kànbuqǐ**	look down on, despise [5]
看望	**kànwàng**	to call on, visit, see [5]
看待	**kàndài**	to look upon, to regard [6]

kè
guest, visitor, customer

 Rad: 宀   Str: 9

不客气	**búkèqi**	don't mention it, you're welcome [1]
客人	**kèrén**	visitor, guest, customer, client [3]
顾客	**gùkè**	shopper, customer, client [4]
客厅	**kètīng**	living room, drawing room, parlour [4]
好客	**hàokè**	hospitable [5]
客观	**kèguān**	objectivity, objective [5]
客户	**kèhù**	client, customer [6]

kuài
lump, fast, soon, quick, measure word (for chunks, lumps, cloth, etc.)

 Rad: 土   Str: 7

| 块 | **kuài** | lump (of earth), chunk, piece, colloquial word for Yuan (currency), fast (of watch), soon, quick, measure word (for pieces of cloth, cake etc.) [1] |

lái
come

来 Rad: 木   Str: 7

来	**lái**	come, arrive, next [1]
后来	**hòulái**	afterwards, after [3]
起来	**qǐlái**	stand up, get up [3]
本来	**běnlái**	original [4]
从来	**cónglái**	always, all along [4]
将来	**jiānglái**	in the future, future, the future [4]
来不及	**láibují**	there's not enough time, it's too late [4]
来得及	**láidejí**	there's still time [4]
来自	**láizì**	come from [4]
原来	**yuánlái**	original, originally, former [4]
未来	**wèilái**	future [5]
以来	**yǐlái**	since (a previous event) [5]
近来	**jìnlái**	recently, lately [6]
苦尽甘来	**kǔjìngānlái**	the hard time are over, the good times beginning [6]
来历	**láilì**	history, origin [6]
来源	**láiyuán**	source, origin [6]
礼尚往来	**lǐshàngwǎnglái**	reciprocity, one good turn deserves another [6]
历来	**lìlái**	always [6]
向来	**xiànglái**	always, all along [6]

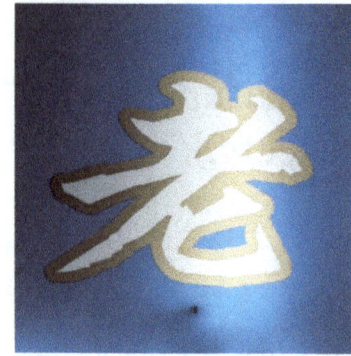

lǎo
old, outdated

Rad: 耂   Str: 6

老师	**lǎoshī**	teacher [1]
老	**lǎo**	old (of people), venerable or first-born (used before a surname), always, all the time, outdated, tough (meat) [3]
老虎	**lǎohǔ**	tiger [4]
老百姓	**lǎobǎixìng**	ordinary people, the man in the street [5]
老板	**lǎobǎn**	boss [5]
老婆	**lǎopo**	wife [5]
老实	**lǎoshi**	frank, honest [5]
老鼠	**lǎoshǔ**	rat, mouse [5]
衰老	**shuāilǎo**	to age, to deteriorate with age, old and weak [6]

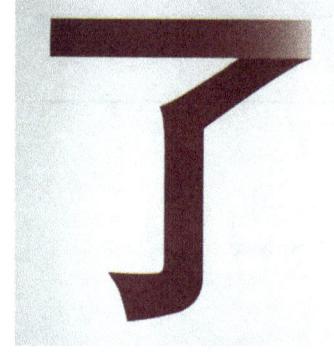

le
verb particle (for completed action)
liǎo
to be able, understand, comprehend

Rad: 乛   Str: 2

了	**le**	verb particle for completed action [1]
除了	**chúle**	except (for) [3]
了解	**liǎojiě**	understand, know, find out [3]
为了	**wèile**	for, for the sake of, in order to [3]
受不了	**shòubuliǎo**	unbearable, can't stand [4]
不得了	**bùdéliǎo**	extremely, exceedingly, disastrous [5]
了不起	**liǎobuqǐ**	great, extraordinary [5]
大不了	**dàbuliǎo**	at worst, if worst comes to worst [6]
一目了然	**yímù-liǎorán**	obvious at a glance [6]

lěng
cold

 Rad: 冫   Str: 7

冷	**lěng**	cold [1]
冷静	**lěngjìng**	quiet, calm, sober, cool [4]
冷淡	**lěngdàn**	indifference, unconcerned [5]
冷酷	**lěngkù**	unfeeling, callous [6]
冷落	**lěngluò**	to spurn, snub [6]
冷却	**lěngquè**	cool, make cool, lower temperature [6]

lǐ
in, inside, neighbourhood, half kilometre

 Rad: 里   Str: 7

里	**lǐ**	neighbourhood, Chinese mile, in, inside [1]
公里	**gōnglǐ**	kilometre [4]
里程碑	**lǐchéngbēi**	milestone, landmark [6]

<u>Additional words</u>
哪里 **nǎli** (where?).

 **liàng**
bright, light

 Rad: 亠   Str: 9

漂亮	**piàoliang**	pretty, beautiful, remarkable [1]
月亮	**yuèliang**	moon [3]
亮	**liàng**	bright, shiny, light, to show, shine [5]
响亮	**xiǎngliàng**	loud and clear, sonorous, resonant [6]

Additional words
洪亮 **hóngliàng** (loud and clear, magnanimity).

 **liù**
six, 6

 Rad: 八   Str: 4

六   **liù** six, 6 [1]

Additional words
六月 **liùyuè** (June).

 **ma**
question tag

 Rad: 口   Str: 6

吗   **ma** question tag (modal particle) [1]

mā
mother, mum

妈 Rad: 女　Str: 6

妈妈　　**māma**　mum, mother [1]

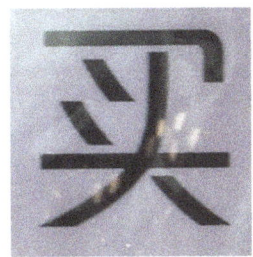
mǎi
buy

买 Rad: 乙　Str: 6

买　　**mǎi**　to buy, purchase [1]

māo
cat

猫 Rad: 犭　Str: 11

猫　　**māo**　　cat [1]
熊猫　　**xióngmāo**　panda [3]

Additional words
一只猫 **yì zhǐ māo** (a cat).

me
interrogative suffix

 Rad: 丿   Str: 3

什么	**shénme**	what?, who?, something, anything [1]
怎么	**zěnme**	how?, what?, why? [1]
怎么样	**zěnmeyàng**	how?, how about?, how was it?, how are things? [1]
为什么	**wèishénme**	why, why (or how) is it that ... [2]
多么	**duōme**	how (wonderful etc.), what (a great idea etc.), however (difficult it may be etc.) [3]

méi
have not, not, negative prefix

mò
sink, overflow, disappear, confiscate

 Rad: 氵   Str: 7

没关系	**méiguānxi**	never mind, it doesn't matter [1]
没有	**méiyǒu**	not have, there is not, not [1]
埋没	**máimò**	oblivion [6]
淹没	**yānmò**	to submerge, overwhelm [6]

Additional words
吞没 **tūnmò** (embezzle); 有没有 **yǒuméiyǒu** (Is there or isn't there? Have (you) or haven't (you)?).

men
plural marker (for nouns and persons)

Rad: 亻   Str: 5

| 我们 | **wǒmen** | we, us, our [1] |
| 咱们 | **zánmen** | we, us, our [4] |

Additional words
你们 **nǐmen** (you (plural)).

mǐ
rice, measure word (metre)

Rad: 米   Str: 6

米饭	**mǐfàn**	rice (cooked) [1]
米	**mǐ**	rice, metre [3]
厘米	**límǐ**	centimetre [5]
玉米	**yùmǐ**	maize, corn [5]
毫米	**háomǐ**	millimetre [6]

Chinese Characters for HSK: Level 1

miàn
face, side, surface, noodle, measure word (mirrors, flags, etc)

Rad: 面   Str: 9

后面	**hòumiàn**	rear, back, behind, later, afterwards [1]
前面	**qiánmiàn**	ahead, in front [1]
面条	**miàntiáo**	noodle (made from wheat) [2]
见面	**jiànmiàn**	to meet, see sb [3]
面包	**miànbāo**	bread [3]
对面	**duìmiàn**	opposite [4]
方面	**fāngmiàn**	respect, aspect, field, side [4]
表面	**biǎomiàn**	surface, outside, face, appearance [5]
面对	**miànduì**	face, confront, meet [5]
面积	**miànjī**	area [5]
面临	**miànlín**	to be faced with, be confronted with, be up against [5]
片面	**piànmiàn**	unilateral, one-sided [5]
全面	**quánmiàn**	overall, all-round, comprehensive [5]
侧面	**cèmiàn**	side, flank [6]
场面	**chǎngmiàn**	scene, spectacle, occasion, appearance [6]
当面	**dāngmiàn**	face to face, in sb's presence [6]
反面	**fǎnmiàn**	reverse side of sth, opposite side of some topic [6]
局面	**júmiàn**	situation [6]
面貌	**miànmào**	face, appearance, visage [6]
面子	**miànzi**	outer surface, face (as in lose face), self-respect, feelings [6]
平面	**píngmiàn**	plane (flat surface) [6]
书面	**shūmiàn**	in written form [6]
体面	**tǐmiàn**	dignity, honourable, creditable, handsome [6]
迎面	**yíngmiàn**	directly, head-on (collision), in one's face (of wind) [6]

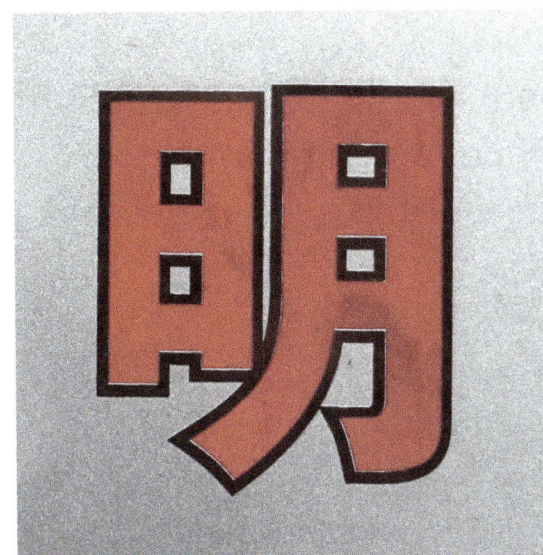

míng
clear, bright, distinct, next (day or year), Ming dynasty, family name

Rad: 日   Str: 8

明天	**míngtiān**	tomorrow [1]
聪明	**cōngming**	intelligent, bright, clever [3]
明白	**míngbai**	clear, plain, explicit, sensible, to understand, see, know [3]
说明	**shuōmíng**	explain, illustrate, show [4]
证明	**zhèngmíng**	proof, certificate, to prove, testify [4]
表明	**biǎomíng**	to make clear, to make known, to state clearly, to indicate [5]
发明	**fāmíng**	invent, invention [5]
光明	**guāngmíng**	light, bright [5]
明确	**míngquè**	to clarify, clear-cut [5]
明显	**míngxiǎn**	clear, obvious, apparent [5]
明星	**míngxīng**	star, celebrity [5]
透明	**tòumíng**	transparent, lucid [5]
文明	**wénmíng**	civilisation, civilised [5]
分明	**fēnmíng**	clear, distinct, obvious, plain [6]
高明	**gāomíng**	wise [6]
开明	**kāimíng**	enlightened [6]
黎明	**límíng**	dawn, daybreak [6]
明明	**míngmíng**	obviously, plainly, undoubtedly [6]
明智	**míngzhì**	sensible, reasonable [6]
声明	**shēngmíng**	to state, declare, proclaim, statement, declaration [6]
鲜明	**xiānmíng**	vivid, distinct, distinctive [6]
英明	**yīngmíng**	brilliant, wise [6]

<u>Additional words</u>
昆明 **kūnmíng** (Kunming (city)).

Chinese Characters for HSK: Level 1

míng
name, reputation, famous, place (among winners), measure word (for persons)

Rad: 口   Str: 6

名字	**míngzi**	name (of a person or thing) [1]
有名	**yǒumíng**	famous, well-known [3]
报名	**bàomíng**	to sign up, enter one's name, apply, register, enrol, enlist [4]
著名	**zhùmíng**	famous, well-known [4]
名牌	**míngpái**	famous brand [5]
名片	**míngpiàn**	business card [5]
名胜古迹	**míngshènggǔjì**	place of historical interest [5]
名次	**míngcì**	position (in a ranking of names or competition) [6]
名额	**míng'é**	quota of people [6]
名副其实	**míngfùqíshí**	not just in name only but also in reality [6]
名誉	**míngyù**	fame, reputation, honorary [6]
命名	**mìngmíng**	to give a name to, christen, naming [6]
莫名其妙	**mòmíngqímiào**	unfathomable mystery, unable to make head or tail of it [6]

Additional words

驰名 **chímíng** (well-known); 签名 **qiānmíng** (signature); 声名 **shēngmíng** (reputation, fame, statement, declaration); 姓名 **xìngmíng** (full name (family name and personal name)).

 **nǎ**
how, which

 Rad: 口　　Str: 9

Notes
Also pronounced **něi** ((before classifier) which?), **na** (used in orders and exclamations) and **Né** (in foreign names).

哪	**nǎ**	how, which [1]
哪儿	**nǎr**	where?, wherever, anywhere [1]
哪怕	**nǎpà**	even if [5]

Additional words
哪里 **nǎli** (where?).

 **nà**
that

Rad: 阝　　Str: 6

Notes
Also pronounced **nèi** (that (before classifier)) and **něi** ((before classifier) which?).

| 那 | **nà** | that, those, then (in that case) [1] |
| 刹那 | **chànà** | in a instant [6] |

 **nǎo**
brain

 Rad: 月　　Str: 10

电脑	**diànnǎo**	computer [1]
脑袋	**nǎodai**	head, brains, mental ability [5]
伤脑筋	**shāngnǎojīn**	troublesome, knotty, bothersome [6]

Additional words
脑筋 **nǎojīn** (brains, mind, head).

ne

question particle

 Rad: 口   Str: 8

| 呢 | **ne** | question particle (ending a question) [1] |

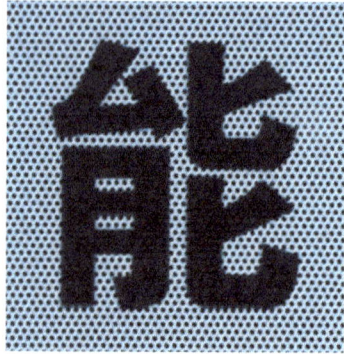

néng

able to, capable, energy

能 Rad: 月   Str: 10

能	**néng**	to be able to, be capable of, ability, capability, able, capable, can, possibly [1]
可能	**kěnéng**	might (happen), possible, probable, possibility, probability, maybe, perhaps [2]
能力	**nénglì**	capability, ability, capacity [4]
功能	**gōngnéng**	function, functionality, feature [5]
能干	**nénggàn**	able, capable, competent [5]
能源	**néngyuán**	energy, power source [5]
本能	**běnnéng**	instinct [6]
力所能及	**lìsuǒnéngjí**	as far as one's capabilities extend (idiom), to the best of one's ability, within one's powers [6]
难能可贵	**nánnéngkěguì**	commendable (achievement etc.) [6]
能量	**néngliàng**	energy, ability, capacity, capability [6]
无能为力	**wúnéngwéilì**	incapable of action, powerless [6]
性能	**xìngnéng**	performance, capability, property [6]
职能	**zhínéng**	function, role [6]
智能	**zhìnéng**	intelligent, able, smart (phone, system, bomb etc.) [6]

Additional words
可能性 **kěnéngxìng** (possibility); 能够 **nénggòu** (be capable of).

Sheldon Smith

nǐ
you

你 Rad: 亻 Str: 7

你　　**nǐ**　you (informal) [1]

Additional words
你好 **nǐhǎo** (Hello!); 你们 **nǐmen** (you (plural)).

nián
year

年 Rad: 干 Str: 6

年	**nián**	year [1]
去年	**qùnián**	last year [2]
年级	**niánjí**	grade, year (at school) [3]
年轻	**niánqīng**	young [3]
年龄	**niánlíng**	age (of a person) [4]
年代	**niándài**	a decade of a century (e.g. the 60s), age, era, period [5]
年纪	**niánjì**	age [5]
青少年	**qīngshàonián**	juvenile, adolescent, teenager, teenage [5]
拜年	**bàinián**	pay a New Year call, wish sb a Happy New Year [6]
连年	**liánnián**	successive years, over many years [6]
年度	**niándù**	year (e.g. school year, fiscal year) [6]
周年	**zhōunián**	anniversary [6]
逐年	**zhúnián**	year after year, with each passing year, over the years [6]

Additional words
今年 **jīnnián** (this year); 青年 **qīngnián** (youth); 鼠年 **shūnián** (year of Rat (1st year)); 猪年 **zhūnián** (the year of the pig (the 12th year)).

Chinese Characters for HSK: Level 1

nǚ
female, woman

Rad: 女   Str: 3

女儿	**nǚ'ér**	daughter [1]
女	**nǚ**	female [2]
妇女	**fùnǚ**	woman [5]
女士	**nǚshì**	lady, madam [5]

Additional words
女人 **nǚrén** (woman); 仙女 **xiānnǚ** (fairy); 侄女 **zhúnǚ** (brother's daughter, niece); 子女 **zǐnǚ** (sons and daughters).

péng
friend

Rad: 月   Str: 8

朋友   **péngyou**   friend [1]

58

piào
beautiful
piāo
to float, to drift

 Rad: 氵　Str: 14

Notes
Also pronounced **piǎo** (bleach).

漂亮	**piàoliang**	pretty, beautiful, remarkable [1]
漂浮	**piāofú**	to float, hover, drift [6]

píng
apple

Rad: 艹　Str: 8

苹果　　**píngguǒ** apple [1]

Chinese Characters for HSK: Level 1

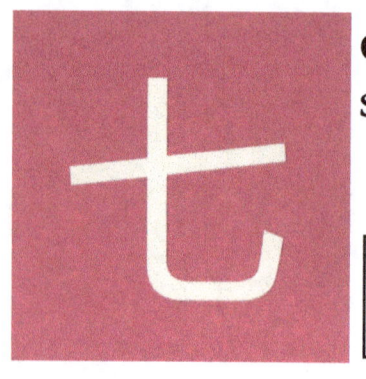

qī
seven, 7

 Rad: 一   Str: 2

七   **qī** seven, 7 [1]

Additional words
七月 **qīyuè** (July).

qī
a period of time, phase, stage, to hope, measure word (issue of a periodical, courses of study)

Rad: 月   Str: 12

星期	**xīngqī**	week [1]
学期	**xuéqī**	school term, semester [4]
过期	**guòqī**	outdated, beyond sell-by date [5]
期待	**qīdài**	to expect, look forward to [5]
期间	**qījiān**	time, period [5]
日期	**rìqī**	date [5]
时期	**shíqī**	period (in time or history) [5]
定期	**dìngqī**	regular schedule, at regular intervals, periodical [6]
期望	**qīwàng**	hope, expectation [6]
期限	**qīxiàn**	time limit, deadline, allotted time [6]
为期	**wéiqī**	(to be completed) by a definite date [6]
延期	**yánqī**	to put off, delay, defer [6]
预期	**yùqī**	expect, anticipate [6]
周期	**zhōuqī**	period, cycle [6]

qǐ
to raise, start, get up

Rad: 走   Str: 10

Notes
Also pronounced **qi** (when used as a verb complement).

对不起	**duìbuqǐ**	sorry, excuse me, let down [1]
起床	**qǐchuáng**	to get up [2]
一起	**yìqǐ**	the same place, together [2]
起飞	**qǐfēi**	to take off (of aircraft, rocket, economy, business etc.) [3]
起来	**qǐlái**	stand up, get up [3]
引起	**yǐnqǐ**	give rise to, lead to, cause [4]
看不起	**kànbuqǐ**	look down on, despise [5]
了不起	**liǎobuqǐ**	great, extraordinary [5]
起草	**qǐcǎo**	draft (a bill), draw up (plans) [6]
起初	**qǐchū**	at first, in the beginning, originally [6]
起伏	**qǐfú**	to move up and down, undulate, ups and downs [6]
起哄	**qǐhòng**	to heckle, rowdy jeering, to create a disturbance [6]
起码	**qǐmǎ**	at the minimum, at the very least [6]
起源	**qǐyuán**	origin, genesis, to originate, stem, start [6]
掀起	**xiānqǐ**	to lift, raise in height, begin, set off (a campaign) [6]

Chinese Characters for HSK: Level 1

qì
air, gas, vapour, smell, weather, spirit, vital energy, anger, make sb. angry

Rad: 气   Str: 4

不客气	**búkèqi**	don't mention it, you're welcome [1]
天气	**tiānqì**	weather [1]
生气	**shēngqì**	get angry, take offence [3]
空气	**kōngqì**	air, atmosphere [4]
力气	**lìqi**	strength [4]
脾气	**píqi**	temperament, disposition, temper (bad) [4]
气候	**qìhòu**	climate [4]
气氛	**qìfēn**	atmosphere, ambience [5]
淘气	**táoqì**	naughty [5]
小气	**xiǎoqi**	mean, stingy, penny-pinching [5]
勇气	**yǒngqì**	courage [5]
语气	**yǔqì**	tone, manner of speaking, mood [5]
运气	**yùnqi**	luck (good or bad) [5]
喘气	**chuǎnqì**	to breathe deeply, to pant [6]
风气	**fēngqì**	general mood, atmosphere, common practice [6]
福气	**fúqi**	good fortune, to enjoy good fortune [6]
服气	**fúqì**	be convinced [6]
和气	**héqi**	kindly [6]
娇气	**jiāoqì**	delicate, squeamish, finicky [6]
口气	**kǒuqì**	manner of speaking, tone, connotation [6]
理直气壮	**lǐzhíqìzhuàng**	bold and confident with justice on one's side, to have the courage of one's convictions [6]
气概	**qìgài**	mettle, heroic spirit, lofty quality [6]
气功	**qìgōng**	qigong (a system of deep breathing exercises) [6]
气魄	**qìpò**	spirit, boldness, positive outlook [6]
气色	**qìsè**	complexion, colour [6]

气势	**qìshì**	vigour, look of great force or imposing manner [6]
气味	**qìwèi**	smell, odour, favour, taste [6]
气象	**qìxiàng**	meteorology [6]
气压	**qìyā**	air pressure, atmospheric pressure [6]
气质	**qìzhì**	temperament, disposition [6]
神气	**shénqì**	expression, manner, spirited, vigorous, cocky [6]
叹气	**tànqì**	to sigh, to heave a sigh [6]
天然气	**tiānránqì**	natural gas [6]
泄气	**xièqì**	discouraged, dejected, demoralized, to want to give up, to deflate (air from a tyre) [6]
氧气	**yǎngqì**	oxygen [6]
朝气蓬勃	**zhāoqìpéngbó**	full of youthful spirit, vigour [6]
争气	**zhēngqì**	to work hard for sth [6]
正气	**zhèngqì**	healthy environment, healthy atmosphere, righteousness, vital energy (in Chinese medicine) [6]
志气	**zhìqì**	ambition, resolve, backbone, drive, spirit [6]

qián
before, in front, previous, ago, former, first

Rad: 刂   Str: 9

前面	**qiánmiàn**	ahead, in front [1]
以前	**yǐqián**	before, formerly [3]
提前	**tíqián**	ahead of time, in advance, to bring forward [4]
从前	**cóngqián**	before, formerly, in the past [5]
目前	**mùqián**	current time, at present [5]
前途	**qiántú**	prospects, future outlook [5]
当前	**dāngqián**	present, current [6]
跟前	**gēnqián**	in front of, near, close to [6]
空前绝后	**kōngqiánjuéhòu**	unprecedented and never to be matched [6]
前景	**qiánjǐng**	prospects, foreground, perspective [6]
前提	**qiántí**	premise, precondition, prerequisite [6]
先前	**xiānqián**	before, previously [6]

<u>Additional words</u>

前天 **qiántiān** (the day before yesterday).

Chinese Characters for HSK: Level 1

qián
money, coin, family name

Rad: 钅   Str: 10

钱	**qián**	money [1]
零钱	**língqián**	small change [4]
本钱	**běnqián**	capital [6]
压岁钱	**yāsuìqián**	lucky money (given as Chinese New Year present) [6]

qǐng
please (do sth), to ask, invite, treat (to a meal, etc), request

Rad: 讠   Str: 10

请	**qǐng**	to ask, invite, to treat (to a meal etc), request, please (do sth) [1]
请假	**qǐngjià**	ask for leave (from work, study etc.) [3]
申请	**shēnqǐng**	to apply for sth, application (form etc) [4]
邀请	**yāoqǐng**	to invite, invitation [4]
请求	**qǐngqiú**	request, ask for sth [5]
请柬	**qǐngjiǎn**	invitation card [6]
请教	**qǐngjiào**	consult, ask for advice, seek advice [6]
请示	**qǐngshì**	ask for instructions [6]
请帖	**qǐngtiě**	invitation card [6]

<u>Additional words</u>
请坐 **qǐngzuò** (please have a seat).

qù
to go, leave, depart

Rad: 厶 Str: 5

去	**qù**	to go, leave, send, remove, get rid of [1]
去年	**qùnián**	last year [2]
过去	**guòqù**	past, former, previous [3]
去世	**qùshì**	to pass away, die [5]
失去	**shīqù**	to lose [5]

rè
heat, to heat up, fervent, hot (of weather), warm up

Rad: 灬 Str: 10

热	**rè**	hot (temperature), popular, to heat up [1]
热情	**rèqíng**	warm, fervent, enthusiasm [3]
热闹	**rènao**	lively, busy, liven up, enliven [4]
热爱	**rè'ài**	to love ardently, adore [5]
热烈	**rèliè**	warm (welcome etc.), ardent, enthusiastic [5]
热心	**rèxīn**	enthusiastic, ardent [5]
亲热	**qīnrè**	intimate, warm, affectionate, loving [6]
热泪盈眶	**rèlèiyíngkuàng**	eye's brimming with tears, extremely moved [6]
热门	**rèmén**	popular, hot, in vogue [6]
炎热	**yánrè**	blistering hot (weather) [6]

Chinese Characters for HSK: Level 1

rén
person, people

Rad: 人   Str: 2

人	**rén**	person, man, people [1]
别人	**biérén**	other people, others [3]
客人	**kèrén**	visitor, guest, customer, client [3]
成人	**chéngrén**	adult [5]
敌人	**dírén**	enemy, foe [5]
个人	**gèrén**	individual, personal, oneself [5]
工人	**gōngrén**	worker, workman [5]
人才	**réncái**	talented person [5]
人口	**rénkǒu**	population [5]
人类	**rénlèi**	mankind, humanity, humankind [5]
人民币	**rénmínbì**	Renminbi (RMB), Chinese Yuan (CNY), the name of China's currency [5]
人生	**rénshēng**	human life [5]
人事	**rénshì**	human affairs, ways of the world [5]
人物	**rénwù**	figure, character (in a play, novel etc.) [5]
人员	**rényuán**	personnel, staff [5]
私人	**sīrén**	private, personal [5]
行人	**xíngrén**	pedestrian [5]
主人	**zhǔrén**	master, host, owner [5]
本人	**běnrén**	I, me, myself, oneself [6]
当事人	**dāngshìrén**	client, persons involved or implicated [6]
丢人	**diūrén**	lose face [6]
法人	**fǎrén**	legal person [6]
风土人情	**fēngtǔrénqíng**	local customs [6]
夫人	**fūrén**	lady, madam, Mrs [6]

迷人	**mírén**	charm, charming, tempting [6]
人道	**réndào**	humanity [6]
人工	**réngōng**	manmade, artificial [6]
人家	**rénjiā**	other people [6]
人间	**rénjiān**	human world, this world [6]
人士	**rénshì**	personage, person with certain social influence [6]
人为	**rénwéi**	artificial, manmade [6]
人性	**rénxìng**	human nature [6]
人质	**rénzhì**	hostage [6]
人格	**réngé**	personality [6]

Additional words

爱人 **àirén** (spouse, lover); 猎人 **lièrén** (hunter); 陌生人 **mòshēngrén** (stranger); 某人 **mǒurén** (somebody); 女人 **nǔrén** (woman); 圣人 **shèngrén** (sage, saint); 诗人 **shīrén** (poet); 贤人 **xiánrén** (virtuous person).

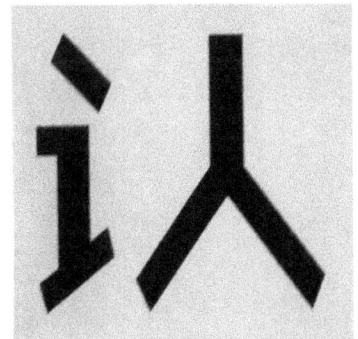

rèn
to recognise, know, consider, admit

 Rad: 讠   Str: 4

认识	**rènshi**	to know, recognize, be familiar with, acquainted with sth, knowledge, understanding, awareness, cognition [1]
认为	**rènwéi**	think, consider, believe [3]
认真	**rènzhēn**	conscientious, earnest, serious [3]
承认	**chéngrèn**	to admit, recognise, acknowledge [5]
否认	**fǒurèn**	to deny [5]
确认	**quèrèn**	to confirm [5]
辨认	**biànrèn**	to recognize, to identify [6]
公认	**gōngrèn**	publicly known (to be), accepted (as) [6]
认定	**rèndìng**	firmly believe [6]
认可	**rènkě**	to approve, approval [6]

Chinese Characters for HSK: Level 1

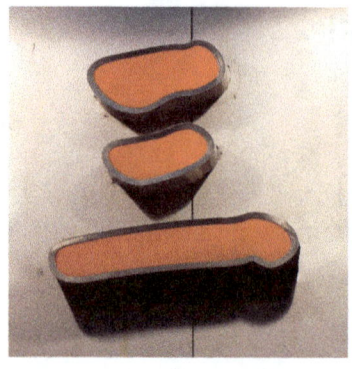

sān
three, 3

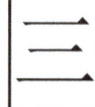 Rad: 一   Str: 3

三	sān	three, 3 [1]
再三	zàisān	again and again, over and over again [5]
丢三落四	diūsānlàsì	forgetful, scatterbrained [6]

Additional words
第三世界 **dì sān shìjiè** (third World); 三倍 **sānbèi** (three times (as much));十三 **shísān** (thirteen).

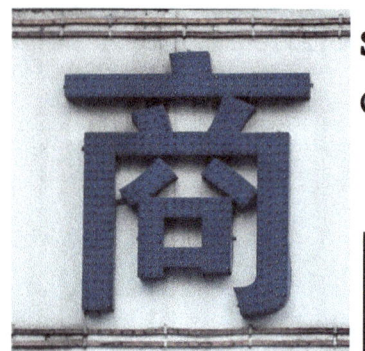

shāng
commerce, consult

 Rad: 口   Str: 11

商店	shāngdiàn	shop, store [1]
商量	shāngliang	to consult, discuss, talk over [4]
经商	jīngshāng	be in business, trade [5]
商品	shāngpǐn	commodity, goods [5]
商务	shāngwù	commerce, business [5]
商业	shāngyè	commerce, trade, business [5]
磋商	cuōshāng	to consult, to discuss seriously, to negotiate, to confer, negotiations, consultations [6]
商标	shāngbiāo	trademark, logo [6]
协商	xiéshāng	to consult with, to talk things over, agreement [6]
智商	zhìshāng	IQ [6]

shàng
above, on, over, top, (go) up, last, previous, climb

Rad: 一   Str: 3

Notes
Also pronounced **shǎng** (third tone in Mandarin) and **shang** (when used as a verb complement).

上	**shàng**	above, on, over, top, (go) up, last, previous, climb [1]
上午	**shàngwǔ**	morning, a.m. [1]
上班	**shàngbān**	go to work, be on duty [2]
晚上	**wǎnshang**	evening, night [2]
早上	**zǎoshang**	morning [2]
马上	**mǎshàng**	at once, immediately, right away [3]
上网	**shàngwǎng**	go online [3]
上当	**shàngdàng**	be fooled, be taken in [5]
不相上下	**bùxiāngshàngxià**	about the same, equally matched [6]
锦上添花	**jǐnshàngtiānhuā**	gild the lily, make something perfect even more perfect [6]
上级	**shàngjí**	higher level, higher authority [6]
上进	**shàngjìn**	make progress [6]
上任	**shàngrèn**	take a post [6]
上瘾	**shàngyǐn**	be addicted to [6]
上游	**shàngyóu**	upper reaches (of a river), advanced position [6]
雪上加霜	**xuěshàngjiāshuāng**	to make a bad situation worse [6]

Additional words
上旬 **shàngxún** (first ten days of a month).

shǎo
few, little, less, lack, young

shào
young

 Rad: 小 Str: 4

多少	**duōshao**	how many, how much [1]
少	**shǎo**	few, little, less, lack, lose, reduce [1]
减少	**jiǎnshǎo**	to lessen, to decrease, to reduce, to lower [4]
缺少	**quēshǎo**	lack, be short of [4]
至少	**zhìshǎo**	at least [4]
青少年	**qīngshàonián**	juvenile, adolescent, teenager, teenage [5]

shén
what

 Rad: 亻 Str: 4

什么	**shénme**	what?, who?, something, anything [1]
为什么	**wèishénme**	why, why (or how) is it that ... [2]

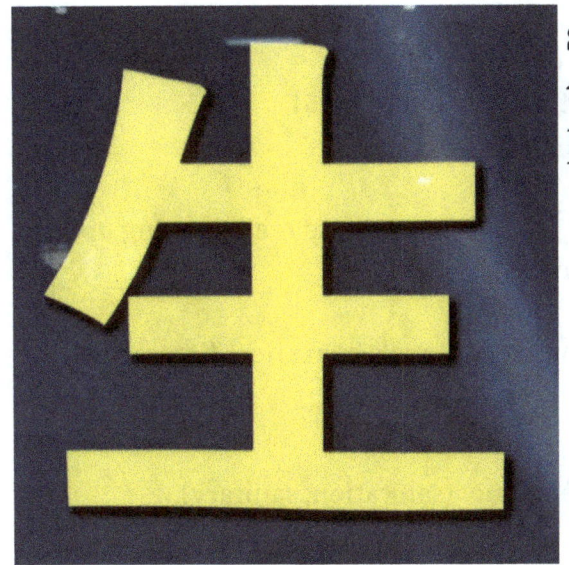

shēng
to give birth, be born, grow, life

Rad: 生   Str: 5

先生	**xiānsheng**	teacher, mister, Mr., sir, gentleman [1]
学生	**xuésheng**	student, schoolboy, schoolgirl [1]
医生	**yīshēng**	doctor [1]
生病	**shēngbìng**	get sick, fall ill, contract a disease [2]
生日	**shēngrì**	birthday [2]
生气	**shēngqì**	get angry, take offence [3]
出生	**chūshēng**	be born [4]
发生	**fāshēng**	happen, occur, take place [4]
生活	**shēnghuó**	life, livelihood, live, exist [4]
生命	**shēngmìng**	life, living, biological [4]
生意	**shēngyi**	business, trade [4]
卫生间	**wèishēngjiān**	bathroom, washroom, toilet [4]
产生	**chǎnshēng**	produce, take place, engender [5]
花生	**huāshēng**	peanut [5]
陌生	**mòshēng**	strange, unfamiliar [5]
人生	**rénshēng**	human life [5]
生产	**shēngchǎn**	childbirth, to produce, manufacture, production [5]
生动	**shēngdòng**	vivid, lively [5]
生长	**shēngzhǎng**	to grow, grow up [5]
诞生	**dànshēng**	be born, come into being, be founded [6]
生存	**shēngcún**	live and persist, subsist, exist, survive [6]
生机	**shēngjī**	vitality [6]
生理	**shēnglǐ**	physiology [6]
生疏	**shēngshū**	strange, unfamiliar [6]

生态	**shēngtài**	ecology [6]
生物	**shēngwù**	living thing, organism [6]
生效	**shēngxiào**	to take effect, to go into effect [6]
生肖	**shēngxiào**	year of birth [6]
生锈	**shēngxiù**	to rust [6]
生育	**shēngyù**	to bear, to give birth, to grow, to rear, to bring up [6]
天生	**tiānshēng**	innate, natural [6]
维生素	**wéishēngsù**	vitamin [6]
自力更生	**zìlìgēngshēng**	regeneration through one's own effort (idiom), self-reliance [6]

Additional words
陌生人 **mòshēngrén** (stranger); 卫生 **wèishēng** (sanitation, sanitary).

shī
teacher, master, expert, model

Rad: 巾   Str: 6

老师	**lǎoshī**	teacher [1]
律师	**lǜshī**	lawyer [4]
师傅	**shīfu**	master worker, master, teacher [4]
工程师	**gōngchéngshī**	engineer [5]
师范	**shīfàn**	teacher training, pedagogical, normal (school, e.g. Beijing Normal University) [6]

shí
ten, 10

Rad: 十   Str: 2

十	**shí**	ten, 10 [1]
十分	**shífēn**	very, fully, utterly, extremely [4]
十足	**shízú**	completely, hundred percent, be full of [6]

shí
time, period, season

Rad: 日   Str: 7

时候	**shíhou**	time, when [1]
时间	**shíjiān**	time, period [2]
小时	**xiǎoshí**	hour [2]
按时	**ànshí**	on time, on schedule [4]
当时	**dāngshí**	at that time [4]
及时	**jíshí**	timely, in time [4]
平时	**píngshí**	at ordinary times, in normal times [4]
同时	**tóngshí**	at the same time, simultaneously [4]
暂时	**zànshí**	temporary, transient [4]
准时	**zhǔnshí**	on time, punctual [4]
临时	**línshí**	temporary [5]
时差	**shíchā**	time difference, jet lag [5]
时代	**shídài**	times, age, era, epoch [5]
时刻	**shíkè**	moment [5]
时髦	**shímáo**	in fashion [5]
时期	**shíqī**	period (in time or history) [5]
时尚	**shíshàng**	fashion, style, vogue [5]
随时	**suíshí**	at any time, at all time [5]
不时	**bùshí**	often, frequently, at any time, now and again [6]
顿时	**dùnshí**	immediately, at once, suddenly [6]
时常	**shícháng**	time and again, often, frequently [6]
时而	**shí'ér**	from time to time, occasionally [6]
时光	**shíguāng**	time, era [6]
时机	**shíjī**	moment of opportunity, opportunity, opportune time [6]
时事	**shíshì**	current affairs [6]

shí
to know, knowledge, to record, write a footnote

Rad: 讠   Str: 7

认识	**rènshi**	to know, recognize, be familiar with, knowledge, understanding, awareness, cognition [1]
知识	**zhīshi**	knowledge [4]
常识	**chángshí**	common sense, general knowledge [5]
见多识广	**jiànduōshíguǎng**	informed, knowledgeable and experienced [6]
识别	**shíbié**	to distinguish, to discern [6]
意识	**yìshí**	consciousness, be conscious of [6]

shì
is, are, am, to be, yes

Rad: 日   Str: 9

是	**shì**	be, is are, am, yes [1]
但是	**dànshì**	but, however [2]
还是	**háishi**	still, nevertheless, had better, or [3]
总是	**zǒngshì**	always, forever [3]
可是	**kěshì**	but, nevertheless, yet, indeed [4]
是否	**shìfǒu**	yes or no, whether or not, if [4]
要是	**yàoshi**	in case, if, suppose [4]
于是	**yúshì**	as a result, thereupon [4]
凡是	**fánshì**	every, any, all, without exception [6]
实事求是	**shíshìqiúshì**	be practical and realistic [6]
是非	**shìfēi**	right and wrong, quarrel [6]

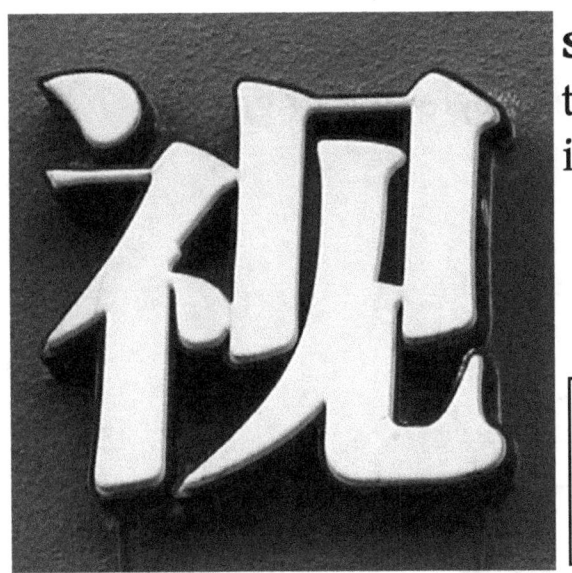

shì
to look at, to regard, to inspect

Rad: 见   Str: 8

电视	**diànshì**	television, TV [1]
重视	**zhòngshì**	attach importance to, pay attention to [4]
忽视	**hūshì**	to ignore, overlook, neglect [5]
轻视	**qīngshì**	look down upon, despise, belittle, underestimate [5]
鄙视	**bǐshì**	despise, disdain, look down on [6]
敌视	**díshì**	be hostile to, antagonise [6]
俯视	**fǔshì**	overlook, dominance [6]
监视	**jiānshì**	keep watch on, keep a lookout over, oversee [6]
藐视	**miǎoshì**	scorn, pooh-pooh [6]
蔑视	**mièshì**	to loathe, despise [6]
凝视	**níngshì**	to gaze, stare [6]
歧视	**qíshì**	to discriminate against, discrimination [6]
视力	**shìlì**	vision, eyesight [6]
视频	**shìpín**	video [6]
视线	**shìxiàn**	line of sight [6]
视野	**shìyě**	field of vision [6]
注视	**zhùshì**	look attentively at, gaze at, stare at [6]

shū
book, letter, style of calligraphy

 Rad: 一   Str: 4

书	**shū**	book [1]
图书馆	**túshūguǎn**	library [3]
秘书	**mìshū**	secretary [5]
书架	**shūjià**	bookshelf [5]
书法	**shūfǎ**	calligraphy [6]
书籍	**shūjí**	books, works [6]
书记	**shūjì**	secretary, clerk [6]
书面	**shūmiàn**	in written form [6]
证书	**zhèngshū**	certificate, credentials [6]

Additional words
丛书 **cóngshū** (series of books); 隶书 **lìshū** (official script); 图书证 **túshūzhèng** (library card).

shéi
who

 Rad: 讠   Str: 10

| 谁 | **shéi** | who (also pronounced shuí) [1] |

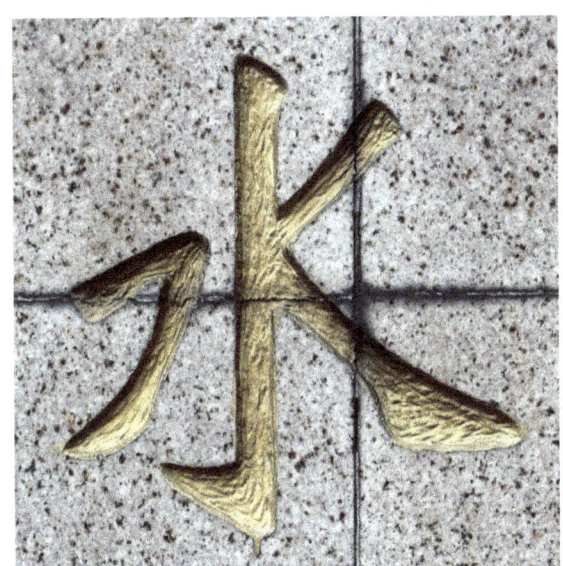

shuǐ
water, liquid, river

Rad: 水   Str: 4

水	**shuǐ**	water, river, liquid [1]
水果	**shuǐguǒ**	fruit [1]
水平	**shuǐpíng**	level (of achievement etc), standard, horizontal [3]
矿泉水	**kuàngquánshuǐ**	mineral water [4]
胶水	**jiāoshuǐ**	glue (water-based) [5]
开水	**kāishuǐ**	boiled water, boiling water [5]
淡水	**dànshuǐ**	fresh water [6]
洪水	**hóngshuǐ**	flood, floodwater [6]
墨水儿	**mòshuǐr**	ink [6]
潜水	**qiánshuǐ**	to dive, go under water [6]
水利	**shuǐlì**	water resources, water conservancy [6]
水龙头	**shuǐlóngtóu**	tap, faucet [6]
水泥	**shuǐní**	cement [6]
薪水	**xīnshui**	salary, wage [6]

Additional words
水晶 **shuǐjīng** (rock crystal); 雨水 **yǔshuǐ** (rainwater).

Chinese Characters for HSK: Level 1

shuì
to sleep

Rad: 目   Str: 13

| 睡觉 | **shuìjiào** | to go to sleep, go to bed [1] |

shuō
to speak, say, explain

Rad: 讠   Str: 9

说	**shuō**	speak, talk, say, scold [1]
说话	**shuōhuà**	speak, talk [2]
说明	**shuōmíng**	explain, illustrate, show [4]
小说	**xiǎoshuō**	novel, fiction [4]
传说	**chuánshuō**	pass on (a story), people say, legend, folk tale [5]
胡说	**húshuō**	talk nonsense, drivel [5]
据说	**jùshuō**	it is said that, reportedly [5]
说不定	**shuōbudìng**	cannot say for sure, maybe, perhaps [5]
说服	**shuōfú**	persuade, convince [5]
学说	**xuéshuō**	doctrine, theory [6]

Additional words
科幻小说 **kēhuàn xiàoshuō** (science fiction novel); 游说 **yóushuō** (persuade).

sì
four, 4

Rad: 口   Str: 5

四	sì	four, 4 [1]
丢三落四	diūsānlàsì	forgetful, scatterbrained [6]
四肢	sìzhī	arms and legs, the four limbs [6]

Additional words
四川省 **Sìchuān shěng** (Sichuan Province); 四周 **sìzhōu** (all around).

suì
years old, measure word (years of age)

Rad: 山   Str: 6

岁	suì	years old (for a person's age), measure word (for years of age) [1]
岁月	suìyuè	year's of a person's life [6]
压岁钱	yāsuìqián	lucky money (given as Chinese New Year present) [6]

Additional words
万岁 **wànsuì** (long live).

tā
he, him, his

Rad: 亻   Str: 5

他	tā	he, him [1]
其他	qítā	other (people) [3]

tā
she, her

 Rad: 女   Str: 6

| 她 | **tā** | she [1] |

tài
great, greatest, highest, too (much), very, extremely

 Rad: 大   Str: 4

太	**tài**	highest, greatest, too (much), very, extremely [1]
太阳	**tàiyáng**	sun [3]
太极拳	**tàijíquán**	Taiji (shadow boxing) [5]
太太	**tàitai**	wife, Mrs. [5]
太空	**tàikōng**	outer space [6]

Additional words
太极 **Tài Jí** (the Supreme Ultimate (in Chinese cosmology)); 太平洋 **tàipíng yáng** (Pacific Ocean).

tiān
sky, heaven, day, god

Rad: 大   Str: 4

今天	**jīntiān**	today, present, now [1]
明天	**míngtiān**	tomorrow [1]
天气	**tiānqì**	weather [1]
昨天	**zuótiān**	yesterday [1]
聊天	**liáotiān**	to chat, gossip [3]
礼拜天	**lǐbàitiān**	Sunday [4]
天空	**tiānkōng**	sky, heavens [5]
天真	**tiānzhēn**	naïve, innocent [5]
成天	**chéngtiān**	all day long, all the time [6]
得天独厚	**détiāndúhòu**	rich in resources (area of land), gifted (person) [6]
航天	**hángtiān**	space flight [6]
天才	**tiāncái**	genius, gift, endowment, gifted person [6]
天赋	**tiānfù**	gift, innate skill [6]
天伦之乐	**tiānlúnzhīlè**	domestic bliss, family love and joy [6]
天然气	**tiānránqì**	natural gas [6]
天生	**tiānshēng**	innate, natural [6]
天堂	**tiāntáng**	heaven [6]
天文	**tiānwén**	astronomy [6]

Additional words
苍天 **cāngtiān** (blue sky); 伏天 **fútiān** (hot summer days); 后天 **hòutiān** (the day after tomorrow); 每天 **měitiān** (every day); 前天 **qiántiān** (the day before yesterday); 晴天霹雳 **qíngtiānpīlì** (a bolt from the blue); 天方夜谭 **tiānfāngyètán** (the story of Arabian Nights).

tīng
listen, hear, obey, let, allow

听 Rad: 口 Str: 7

听	**tīng**	to listen, hear, heed, obey, a tin can (loan word) [1]
打听	**dǎting**	to ask about, inquire about [5]
倾听	**qīngtīng**	to listen attentively [6]

Additional words
听见 **tīngjiàn** (hear); 听众 **tīngzhòng** (audience).

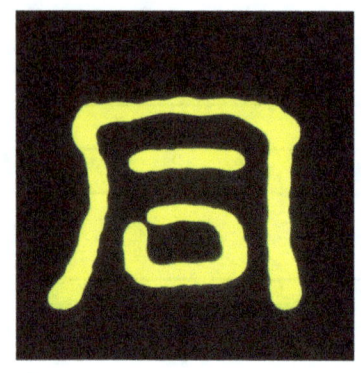

tóng
same, with, together, like

tòng
lane

 Rad: 口 Str: 6

同学	**tóngxué**	fellow student, schoolmate [1]
同事	**tóngshì**	colleague [3]
同意	**tóngyì**	agree, consent, approve [3]
共同	**gòngtóng**	together, common [4]
同情	**tóngqíng**	sympathise [4]
同时	**tóngshí**	at the same time, simultaneously [4]
相同	**xiāngtóng**	identical, same, alike [4]
合同	**hétong**	contract (in business, work etc.) [5]
胡同	**hútòng**	alley, lane [5]
连同	**liántóng**	together with, along with [6]
同胞	**tóngbāo**	compatriot [6]
同志	**tóngzhì**	comrade [6]

 **wèi**
hello (on the telephone), to feed

 Rad: 口   Str: 12

喂   **wèi** hello (on the telephone), hey [1]
喂   **wèi** to feed (sb or an animal) [6]

 **wǒ**
I, me, my

 Rad: 戈   Str: 7

我   **wǒ**   I, me, my [1]
我们   **wǒmen** we, us, our [1]

Additional words
我的 **wǒde** (my, mine);

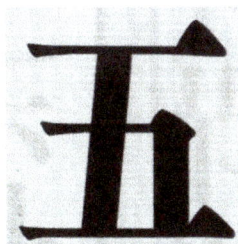 **wǔ**
five, 5

 Rad: 二   Str: 4

五   **wǔ** five, 5 [1]

Additional words
五月 **wǔyuè** (May).

 **wǔ**
noon, midday

 Rad: 十   Str: 4

上午	**shàngwǔ**	morning, a.m. [1]
下午	**xiàwǔ**	afternoon [1]
中午	**zhōngwǔ**	noon, midday [1]
端午节	**duānwǔjié**	Dragon Boat Festival [6]

 **xī**
west, western

 Rad: 西   Str: 6

东西	**dōngxi**	thing, creature [1]
西瓜	**xīguā**	watermelon [2]
西	**xī**	west [3]
西红柿	**xīhóngshì**	tomato [4]
东张西望	**dōngzhāngxīwàng**	to glance around, look in all directions [6]

Additional words
法西斯 **fǎxīsī** (Fascist); 西部 **xībù** (western part); 西南 **xīnán** (southwest).

xí

to practice, to study, habit

 Rad: 乙   Str: 3

学习	**xuéxí**	to study, learn, emulate [1]
复习	**fùxí**	to revise, review [3]
练习	**liànxí**	practice, exercise, drill [3]
习惯	**xíguàn**	be used to, usual practice, habit [3]
预习	**yùxí**	preview, prepare lessons [4]
实习	**shíxí**	practice, praxis, exercise and learn in the real world [5]
习俗	**xísú**	custom, tradition [6]
演习	**yǎnxí**	rehearse [6]

xǐ

to like, to enjoy, to be fond of, to be happy, to feel pleased, happiness, delight, glad

 Rad: 口   Str: 12

喜欢	**xǐhuan**	love, like, be keen to, be fond of [1]
恭喜	**gōngxǐ**	congratulate, congratulations [5]
喜闻乐见	**xǐwénlèjiàn**	a delight to see, an attractive spectacle [6]
喜悦	**xǐyuè**	joyful, joyous, delighted, cheerful [6]

xì
connection, relation, system, dept
jì
tie, bind

 Rad: 糸   Str: 7

没关系	**méiguānxi**	never mind, it doesn't matter [1]
关系	**guānxì**	relation, relationship [3]
联系	**liánxì**	connection, contact, relation, in touch with, to integrate, to link, to touch [4]
系领带	**jìlǐngdài**	to tie a necktie [5]
系	**xì**	department (in a university), to tie [5]
系统	**xìtǒng**	system [5]
体系	**tǐxì**	system, setup [6]
系列	**xìliè**	series [6]

xià
below, under, (go) down, next (as opposed to previous/last)

Rad: 一   Str: 3

下	**xià**	down, downwards, below, lower, later, next (week etc.), second (of two), to decline, to go down [1]
下午	**xiàwǔ**	afternoon [1]
下雨	**xiàyǔ**	to rain, rainy [1]
一下	**yīxià**	a little (bit) [2]
下载	**xiàzài**	to download (also pronounced xiàzài) [5]
不相上下	**bùxiāngshàngxià**	about the same, equally matched [6]
下属	**xiàshǔ**	subordinate, underling [6]

xiān

first, before, earlier, in advance

Rad: 儿　Str: 6

先生	**xiānsheng**	teacher, mister, Mr., sir, gentleman [1]
先	**xiān**	early, prior, former, in advance, first [3]
首先	**shǒuxiān**	first, above all, first of all [4]
事先	**shìxiān**	in advance, beforehand [5]
领先	**lǐngxiān**	to lead, to be in front [6]
先进	**xiānjìn**	advanced (technology), to advance [6]
先前	**xiānqián**	before, previously [6]
优先	**yōuxiān**	priority [6]
预先	**yùxiān**	in advance, beforehand [6]
原先	**yuánxiān**	former, original [6]
争先恐后	**zhēngxiānkǒnghòu**	strive to be the first, vie with each other [6]
祖先	**zǔxiān**	ancestor, forebears [6]

Chinese Characters for HSK: Level 1

xiàn
show, appear, current

Rad: 见   Str: 8

现在	**xiànzài**	now, at present, today [1]
发现	**fāxiàn**	to discover, find, discovery [3]
出现	**chūxiàn**	appear, arise, emerge [4]
现金	**xiànjīn**	cash [4]
表现	**biǎoxiàn**	show off, express, display [5]
实现	**shíxiàn**	realise, achieve, bring about [5]
体现	**tǐxiàn**	embody, incarnate [5]
现代	**xiàndài**	modern times, the contemporary age [5]
现实	**xiànshí**	reality, actuality [5]
现象	**xiànxiàng**	appearance, phenomenon [5]
呈现	**chéngxiàn**	show, appear, take on, present [6]
兑现	**duìxiàn**	to cash (a cheque etc.), honour a commitment [6]
现场	**xiànchǎng**	the scene (of the incident), lit. actual location [6]
现成	**xiànchéng**	ready-made, readily available [6]
现状	**xiànzhuàng**	status quo [6]
涌现	**yǒngxiàn**	come to the fore [6]
展现	**zhǎnxiàn**	express, show [6]

xiǎng
to think, consider, believe, want, remember, miss

Rad: 心   Str: 13

想	**xiǎng**	to think, suppose, recall, want to, miss [1]
理想	**lǐxiǎng**	dream, ideal, perfect, desirable, perfection [4]
感想	**gǎnxiǎng**	impressions, reflections [5]
幻想	**huànxiǎng**	to fantasise, dream, fancy, fantasy, illusion [5]
梦想	**mèngxiǎng**	to dream of, hope vainly, wishful thinking [5]
思想	**sīxiǎng**	thought, thinking, idea, ideology [5]
想念	**xiǎngniàn**	to remember with longing, miss [5]
想象	**xiǎngxiàng**	to imagine, to fancy [5]
空想	**kōngxiǎng**	daydream, fantasy, to fantasize [6]
联想	**liánxiǎng**	to associate with something in thinking [6]
设想	**shèxiǎng**	to imagine, have consideration for, idea, tentative plan [6]
妄想	**wàngxiǎng**	to attempt vainly, a vain attempt [6]
想方设法	**xiǎngfāngshèfǎ**	do everything possible, try every means [6]
着想	**zhuóxiǎng**	to give thought (to others), to consider (other people's needs) [6]

Additional words
妄想狂 **wàngxiǎngkuáng** (paranoia).

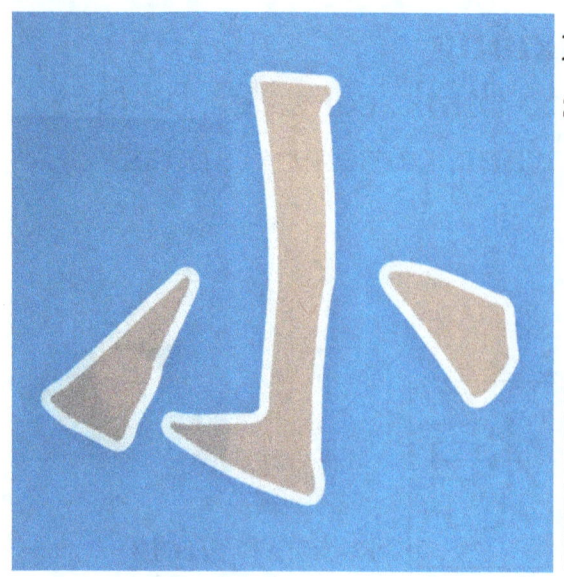

xiǎo
small, tiny, few, young

Rad: 小   Str: 3

小	**xiǎo**	small, tiny, few, young [1]
小姐	**xiǎojiě**	young lady, Miss [1]
小时	**xiǎoshí**	hour [2]
小心	**xiǎoxīn**	be careful, take care [3]
小吃	**xiǎochī**	snack [4]
小伙子	**xiǎohuǒzi**	young fellow, lad [4]
小说	**xiǎoshuō**	novel, fiction [4]
胆小鬼	**dǎnxiǎoguǐ**	coward [5]
小麦	**xiǎomài**	wheat [5]
小气	**xiǎoqi**	mean, stingy, penny-pinching [5]
渺小	**miǎoxiǎo**	minute, tiny, negligible, insignificant [6]
小心翼翼	**xiǎoxīnyìyì**	with great care [6]

Additional words
大小 **dàxiǎo** (size); 科幻小说 **kēhuàn xiàoshuō** (science fiction novel).

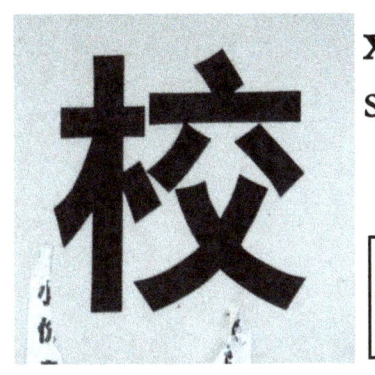

xiào

school

 Rad: 木   Str: 10

学校	**xuéxiào**	school [1]
校长	**xiàozhǎng**	headmaster, principal [3]

xiē

some, few, several, measure word (for unspecified amount)

 Rad: 二   Str: 8

些　**xiē** some, few, several, measure word (for unspecified amount) [1]

Additional words
一些　**yìxiē** (a number of, some).

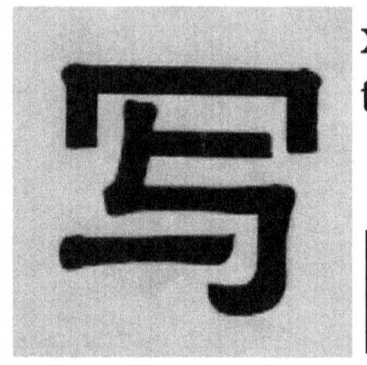

xiě
to write

Rad: 冖　Str: 5

写	**xiě**	to write [1]
描写	**miáoxiě**	portray, depict, describe [5]
写作	**xiězuò**	writing, written works [5]

Additional words
抄写 **chāoxiě** (transcribe).

xiè
to thank, surname

Rad: 讠　Str: 12

谢谢	**xièxie**	thanks, thank you [1]
感谢	**gǎnxiè**	to express thank, be grateful, thanks [4]
谢绝	**xièjué**	to refuse politely [6]
新陈代谢	**xīnchéndàixiè**	metabolism [6]

Additional words
酬谢 **chóuxiè** (thank with a gift).

xīng
star, satellite, small amount

星 Rad: 日　Str: 9

星期	**xīngqī**	week [1]
明星	**míngxīng**	star, celebrity [5]
零星	**língxīng**	scattered, fragmentary [6]
卫星	**wèixīng**	satellite [6]

Additional words
火星 **huǒxīng** (Mars).

xìng
interest

xīng
excited, to flourish, become popular

兴 Rad: 八　Str: 6

高兴	**gāoxìng**	glad, cheerful, be happy to [1]
感兴趣	**gǎn xìngqù**	be interested in [3]
兴奋	**xīngfèn**	excited [4]
复兴	**fùxīng**	to revive, renew [6]
兴隆	**xīnglóng**	boom, prosper [6]
兴旺	**xīngwàng**	prosperous [6]
兴高采烈	**xìnggāocǎiliè**	be in high spirits, be enraptured [6]
兴致勃勃	**xìngzhìbóbó**	in high spirits [6]
振兴	**zhènxīng**	vitalise, develop, promote [6]

Additional words
兴趣 **xìngqù** (interest).

Chinese Characters for HSK: Level 1

xué
study, learn, science

Rad: 子   Str: 8

同学	**tóngxué**	fellow student, schoolmate [1]
学生	**xuésheng**	student, schoolboy, schoolgirl [1]
学习	**xuéxí**	to study, learn, emulate [1]
学校	**xuéxiào**	school [1]
留学	**liúxué**	to study abroad [3]
数学	**shùxué**	mathematics [3]
科学	**kēxué**	science, scientific [4]
学期	**xuéqī**	school term, semester [4]
化学	**huàxué**	chemistry [5]
文学	**wénxué**	literature [5]
学历	**xuélì**	educational background [5]
学术	**xuéshù**	systematic learning, science [5]
学问	**xuéwen**	learning, knowledge, scholarship [5]
哲学	**zhéxué**	philosophy [5]
学说	**xuéshuō**	doctrine, theory [6]
学位	**xuéwèi**	academic degree (BSc, MSc etc.) [6]

Additional words
建筑学 **jiànzhùxué** (architecture); 硕士学位 **shuòshìxuéwèi** (Master's degree); 玄学 **xuánxué** (metaphysics); 学费 **xuéfèi** (tuition); 学院 **xuéyuàn** (college).

yàng
appearance, shape, form, manner

Rad: 木   Str: 10

怎么样	**zěnmeyàng**	how?, how about?, how was it?, how are things? [1]
一样	**yíyàng**	the same, equally, alike, as... as [3]
样子	**yàngzi**	shape, appearance, manner, model [4]
样式	**yàngshì**	style, mode, manner [5]
榜样	**bǎngyàng**	example, model [6]
模样	**múyàng**	appearance, look [6]
样品	**yàngpǐn**	sample [6]
照样	**zhàoyàng**	as before, in the same old way [6]

<u>Additional words</u>
这样 **zhèyàng** (like this).

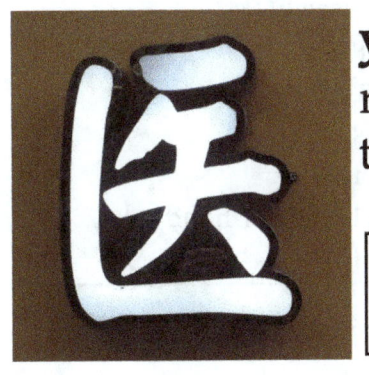

yī
medical, medicine, doctor, to cure, to treat

Rad: ⼕   Str: 7

医生	**yīshēng**	doctor [1]
医院	**yīyuàn**	hospital [1]

Chinese Characters for HSK: Level 1

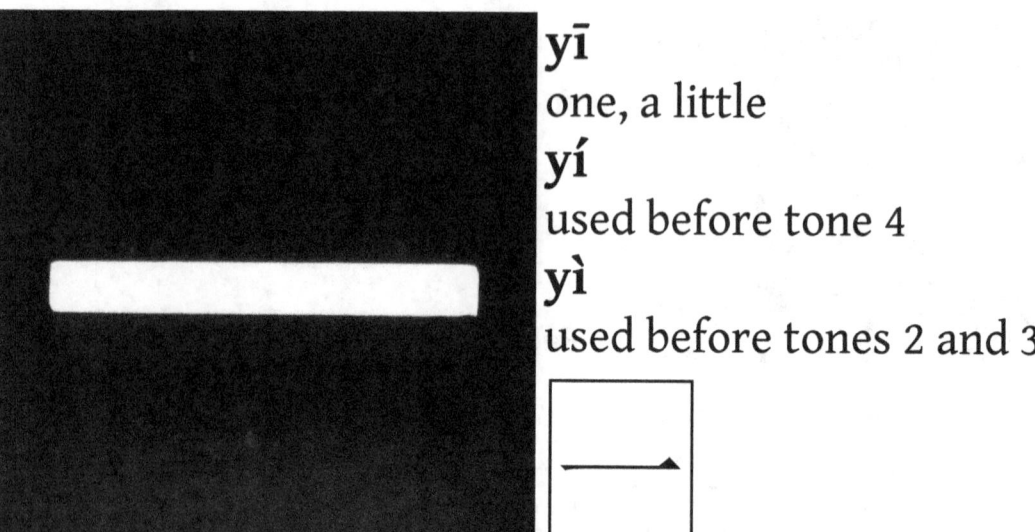

yī one, a little
yí used before tone 4
yì used before tones 2 and 3

Rad: 一   Str: 1

Notes
This character changes its tone depending on which tone follows it: rising (2) before a falling tone (4), falling (4) before a rising tone (2 or 3).

一	**yī**	one, a little [1]
一点儿	**yīdiǎnr**	a bit, a few, a little [1]
第一	**dìyī**	first, primary [2]
一下	**yīxià**	a little (bit) [2]
一起	**yìqǐ**	the same place, together [2]
一定	**yídìng**	fixed, definite, given, necessarily [3]
一共	**yígòng**	in all, altogether, in total [3]
一会儿	**yíhuìr**	a little while, a moment [3]
一样	**yíyàng**	the same, equally, alike, as... as [3]
一般	**yìbān**	general, ordinary, common [3]
一边	**yìbiān**	one side, on one hand, on the other hand [3]
一直	**yìzhí**	always, all along, straight [3]
一切	**yíqiè**	all, every, everything [4]
统一	**tǒngyī**	unify, unite, unified [5]
万一	**wànyī**	one in a thousand, eventuality, in case [5]
唯一	**wéiyī**	only, sole [5]
一辈子	**yíbèizi**	lifetime, for a lifetime [5]
一旦	**yídàn**	once, in case, in one day [5]
一律	**yílǜ**	without exception, same, uniformly [5]
一再	**yízài**	repeatedly, again and again [5]
一致	**yízhì**	unanimous, consistent, identical (view/opinion) [5]
不屑一顾	**búxièyígù**	be beneath sb [6]

一流	**yīliú**	top quality, the best [6]
一度	**yídù**	once, one time [6]
一贯	**yíguàn**	consistent, constant [6]
一目了然	**yímù-liǎorán**	obvious at a glance [6]
一向	**yíxiàng**	aside, on one side, by [6]
一帆风顺	**yìfān-fēngshùn**	plain sailing [6]
一举两得	**yìjǔ-liǎngdé**	kill two birds with one stone [6]
一如既往	**yìrú-jìwǎng**	run true to form [6]
一丝不苟	**yìsī-bùgǒu**	meticulous, meticulously [6]

Additional words

一幅画 **yīfúhuà** (a picture); 一架飞机 **yí jià fēijī** (an aeroplane); 一棵树 **yí kè shù** (a tree); 一阵风 **yí zhèn fēng** (a short period of time); 一顶帽子 **yì dǐng màozi** (a hat); 一堵墙 **yì dǔ qiáng** (a wall); 一颗珠子 **yì kē zhūzi** (one pearl); 一齐 **yìqí** (together); 一些 **yìxiē** (a number of, some); 一张桌子 **yì zhāng zhuōzi** (one table); 一只猫 **yì zhǐ māo** (a cat).

yī
clothes, gown, to dress, to wear

 Rad: 衣   Str: 6

衣服	**yīfu**	clothes, clothing [1]
衣裳	**yīshang**	clothes [6]

Additional words

洗衣粉 **xǐyīfěn** (laundry detergent).

yǐ
chair

 Rad: 木   Str: 12

| 椅子 | **yǐzi** | chair [1] |

yǐng
picture, image, reflection, shadow

 Rad: 彡   Str: 15

电影	**diànyǐng**	film, movie [1]
影响	**yǐngxiǎng**	influence, effect, to affect (usually adversely) [3]
合影	**héyǐng**	group photo [5]
摄影	**shèyǐng**	to take a photo, shoot (a film) [5]
影子	**yǐngzi**	shadow [5]

Sheldon Smith

yǒu
have, there is/are, to exist

有 Rad: 月   Str: 6

没有	**méiyǒu**	not have, there is not, not [1]
有	**yǒu**	have, possess, exist, there be [1]
有名	**yǒumíng**	famous, well-known [3]
只有	**zhǐyǒu**	only if, just (used with 只有...才 zhǐyǒu...cái) [3]
所有	**suǒyǒu**	all [4]
有趣	**yǒuqù**	interesting [4]
有利	**yǒulì**	advantageous, beneficial [5]
固有	**gùyǒu**	intrinsic to sth, inherent [6]
津津有味	**jīnjīnyǒuwèi**	with relish, with gusto, with pleasure [6]
岂有此理	**qǐyǒucǐlǐ**	outrageous, preposterous [6]
拥有	**yōngyǒu**	hold, possess of [6]
有条不紊	**yǒutiáobùwěn**	systematic, methodical, methodically [6]

Additional words
有没有 **yǒuméiyǒu** (Is there or isn't there? Have (you) or haven't (you)?); 有耐心 **yǒunàixīn** (patient); 有限 **yǒuxiàn** (limited); 有效 **yǒuxiào** (effective).

yǒu
friend

友 Rad: 又   Str: 4

朋友	**péngyou**	friend [1]
友好	**yǒuhǎo**	friendly, amicable [4]
友谊	**yǒuyì**	friendship [4]

yǔ
language, speech, dialect

语 Rad: 讠   Str: 9

汉语	**hànyǔ**	Chinese, the Chinese language [1]
词语	**cíyǔ**	words and expressions [4]
语法	**yǔfǎ**	grammar [4]
语言	**yǔyán**	language [4]
成语	**chéngyǔ**	idiom, proverb, adage (Chinese set expression often made up of 4 characters or two couplets of 4 characters each, often alluding to a story or historical quotation) [5]
语气	**yǔqì**	tone, manner of speaking, mood [5]
谜语	**míyǔ**	conundrum, riddle [6]
母语	**mǔyǔ**	mother tongue, native language [6]

<u>Additional words</u>
论语 **lúnyǔ** (The Analects of Confucius).

yǔ
rain

雨 Rad: 雨   Str: 8

下雨   **xiàyǔ** to rain, rainy [1]

<u>Additional words</u>
雨水 **yǔshuǐ** (rainwater).

yuàn
courtyard, institution

 Rad: 阝   Str: 9

医院	**yīyuàn**	hospital [1]
法院	**fǎyuàn**	court (of law) [5]
国务院	**guówùyuàn**	State Council (in China), State Department (in the US) [6]

Additional words
学院 **xuéyuàn** (college).

yuè
moon, month

月 Rad: 月   Str: 4

月	**yuè**	moon, month [1]
月亮	**yuèliang**	moon [3]
日新月异	**rìxīnyuèyì**	daily renewal and monthly change, every day sees new developments, rapid progress [6]
岁月	**suìyuè**	year's of a person's life [6]
正月	**zhēngyuè**	the first month of the lunar year [6]

Additional words
八月 **bāyuè** (August); 二月 **èryuè** (February); 九月 **jiǔyuè** (September); 六月 **liùyuè** (June); 七月 **qīyuè** (July); 五月 **wǔyuè** (May).

zài
at, in, exist

 Rad: 土   Str: 6

现在	**xiànzài**	now, at present, today [1]
在	**zài**	at, in, exist, in the middle of doing sth [1]
正在	**zhèngzài**	in process of, in course of [2]
实在	**shízài**	true, real, honest [4]
存在	**cúnzài**	exist, be [5]
在乎	**zàihu**	care about [5]
在于	**zàiyú**	lie in, consist in, depend on, rest with [5]
内在	**nèizài**	intrinsic, inherent [6]
在意	**zàiyì**	care about [6]

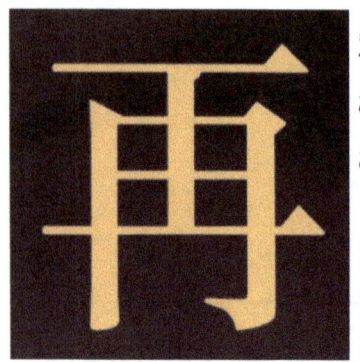

zài
again, once more, re-, second, another

 Rad: 冂   Str: 6

再见	**zàijiàn**	goodbye, see you again later [1]
再	**zài**	again, once more, re-, second, another, then (after sth and not until then) [2]
一再	**yízài**	repeatedly, again and again [5]
再三	**zàisān**	again and again, over and over again [5]
再接再厉	**zàijiēzàilì**	to continue the struggle, to persist, unremitting efforts [6]

 **zěn**
how

 Rad: 心   Str: 9

| 怎么 | **zěnme** | how?, what?, why? [1] |
| 怎么样 | **zěnmeyàng** | how?, how about?, how was it?, how are things? [1] |

 **zhè**
this

 Rad: 辶   Str: 7

这   **zhè** this, these (also pronounced zhèi before measure word, esp. in Beijing) [1]

Additional words
这边 **zhèbiān** (over here); 这儿 **zhèr** (here); 这样 **zhèyàng** (like this).

zhōng
middle, in, China, hit (the mark)

zhòng
hit (a target)

Rad:丨   Str: 4

中国	**zhōngguó**	China [1]
中午	**zhōngwǔ**	noon, midday [1]
中间	**zhōngjiān**	centre, middle, among, between [3]
中文	**zhōngwén**	Chinese (language) [3]
其中	**qízhōng**	among [4]
集中	**jízhōng**	focus, concentrate, amass, centralised [5]
中介	**zhōngjiè**	agent, intermediary [5]
中心	**zhōngxīn**	centre, heart [5]
中旬	**zhōngxún**	period of the second ten days of a month [5]
中断	**zhōngduàn**	interrupt, suspend, break off, discontinue [6]
中立	**zhōnglì**	neutral, neutrality [6]
中央	**zhōngyāng**	centre, central, central authorities [6]

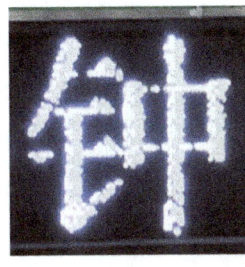
zhōng
clock, time as measured in hours and minutes, bell

Rad: 钅 Str: 9

分钟 **fēnzhōng** minute (of time) [1]

Additional words
闹钟 **nàozhōng** (alarm clock); 三点钟 **sāndiǎnzhōng** (3 o'clock).

zhù
to live, to dwell, to reside, to stop

Rad: 亻 Str: 7

住	**zhù**	to live, reside, stay, stop, cease [1]
忍不住	**rěnbuzhù**	cannot help, cannot resist, cannot bear [5]
居住	**jūzhù**	to live, reside, dwell [6]
住宅	**zhùzhái**	residence, residential building, dwelling [6]

zhuō
table

Rad: 木 Str: 10

桌子 **zhuōzi** table, desk [1]

Additional words
一张桌子 **yì zhāng zhuōzi** (one table).

zǐ
child, son

zi
noun suffix

Rad: 子   Str: 3

杯子	**bēizi**	cup, glass [1]
儿子	**érzi**	son [1]
椅子	**yǐzi**	chair [1]
桌子	**zhuōzi**	table, desk [1]
孩子	**háizi**	child, children, son or daughter [2]
妻子	**qīzi**	wife [2]
鼻子	**bízi**	nose [3]
电子邮件	**diànzǐyóujiàn**	email [3]
个子	**gèzi**	height, stature, build [3]
句子	**jùzi**	sentence [3]
裤子	**kùzi**	trousers, pants [3]
筷子	**kuàizi**	chopsticks [3]
帽子	**màozi**	hat, cap [3]
盘子	**pánzi**	tray, plate, dish [3]
瓶子	**píngzi**	bottle [3]
裙子	**qúnzi**	skirt [3]
包子	**bāozi**	steamed stuffed bun [4]
肚子	**dùzi**	belly, abdomen, stomach [4]
盒子	**hézi**	box, case [4]
饺子	**jiǎozi**	dumpling [4]
镜子	**jìngzi**	mirror [4]
勺子	**sháozi**	scoop, spoon [4]
孙子	**sūnzi**	grandson (paternal) [4]
袜子	**wàzi**	socks, stocking [4]
小伙子	**xiǎohuǒzi**	young fellow, lad [4]

样子	**yàngzi**	shape, appearance, manner, model [4]
叶子	**yèzi**	leaf [4]

被子	**bèizi**	quilt [5]
脖子	**bózi**	neck [5]
叉子	**chāzi**	fork [5]
尺子	**chǐzi**	ruler, rule [5]
管子	**guǎnzi**	tube, pipe, drinking straw [5]
猴子	**hóuzi**	monkey [5]
夹子	**jiāzi**	clamp, clip, tongs, folder, wallet [5]
桔子	**júzi**	orange, tangerine [5]
日子	**rìzi**	days, date, time, life, livelihood [5]
嗓子	**sǎngzi**	throat, larynx, voice [5]
扇子	**shànzi**	fan (that can create airflow through waving) [5]
绳子	**shéngzi**	string, rope [5]
狮子	**shīzi**	lion [5]
梳子	**shūzi**	comb [5]
兔子	**tùzi**	hare, rabbit [5]
王子	**wángzǐ**	prince [5]
屋子	**wūzi**	room [5]
一辈子	**yíbèizi**	lifetime, for a lifetime [5]
影子	**yǐngzi**	shadow [5]
竹子	**zhúzi**	bamboo [5]

辫子	**biànzi**	plait, braid, pigtail, mistake that may be exploited [6]
鸽子	**gēzi**	pigeon, dove [6]
钩子	**gōuzi**	hook, hook-like object, tick, check mark [6]
君子	**jūnzǐ**	man of honour [6]
面子	**miànzi**	outer surface, outside, honour, reputation, face (as in lose face), self-respect, feelings [6]
曲子	**qǔzi**	melody, tune [6]
嫂子	**sǎozi**	older brother's wife, sister-in-law [6]
亭子	**tíngzi**	pavilion, kiosk [6]
侄子	**zhízi**	nephew [6]
种子	**zhǒngzi**	seed [6]
子弹	**zǐdàn**	bullet, cartridge [6]

Additional words

盖子 **gàizi** (lid); 金子 **jīnzi** (gold); 孔子 **Kǒngzǐ** (Confucius); 粒子 **lìzǐ** (particle (in physics)); 牌子 **páizi** (sign, logo); 傻子 **shǎzi** (idiot); 瞎子 **xiāzi** (blind person); 子宫 **zǐgōng** (womb); 子女 **zǐnǚ** (sons and daughters).

Chinese Characters for HSK: Level 1

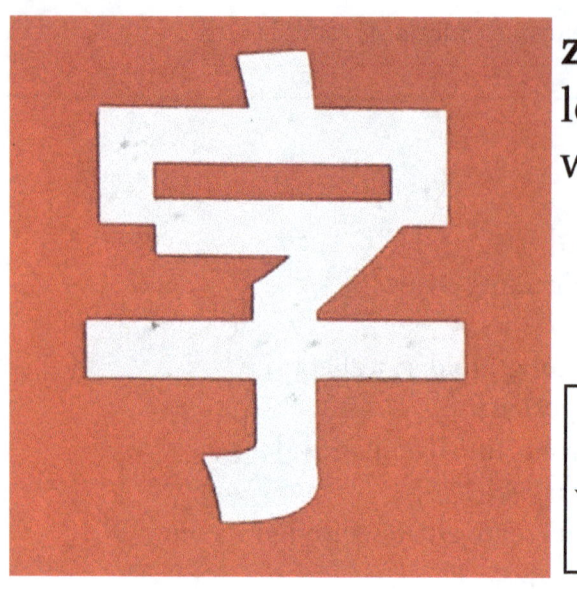

zì
letter, symbol, character, word

Rad: 子   Str: 6

名字	**míngzi**	name (of a person or thing) [1]
字	**zì**	letter, symbol, character, word [1]
数字	**shùzì**	figure, digit [4]
文字	**wénzì**	character [5]
字母	**zìmǔ**	letter (of the alphabet) [5]
字幕	**zìmù**	caption, subtitle [5]
赤字	**chìzì**	deficit, red ink [6]
繁体字	**fántǐzì**	traditional Chinese character [6]
简体字	**jiǎntǐzì**	simplified character [6]

Additional words

汉字 **Hànzì** (Chinese character); 康熙字典 **Kāngxī Zìdiǎn** (Kangxi dictionary (1716 A.D.)); 宋体字 **Sòng tǐzì** (Song typeface).

zū
rent

租 Rad: 禾   Str: 10

出租车	**chūzūchē**	taxi [1]
租	**zū**	let, lease, hire, rent [4]
租赁	**zūlìn**	lease, tenancy [6]

zuó
yesterday

昨 Rad: 日   Str: 9

昨天	**zuótiān**	yesterday [1]

Additional words
昨晚 **zuówǎn** (yesterday evening).

zuò
to do, make, regard sb as

Rad: 亻 Str: 7

工作	**gōngzuò**	work, job [1]
作业	**zuòyè**	homework, operation, task, work [3]
动作	**dòngzuò**	motion, movement [4]
作家	**zuòjiā**	writer [4]
作用	**zuòyòng**	action, function, act on, affect [4]
作者	**zuòzhě**	author, writer [4]
合作	**hézuò**	to cooperate, collaborate, work together, cooperation [5]
写作	**xiězuò**	writing, written works [5]
制作	**zhìzuò**	produce, make, build, construct [5]
作品	**zuòpǐn**	works (of literature and art) [5]
作为	**zuòwéi**	regard as, take for, as [5]
作文	**zuòwén**	write a composition, composition [5]
操作	**cāozuò**	operate, manipulate [6]
创作	**chuàngzuò**	create, write, creative work [6]
著作	**zhùzuò**	work, book, writing [6]
作弊	**zuòbì**	cheat (on an exam), plagiarise [6]
作废	**zuòfèi**	to cancel, cancellation [6]
作风	**zuòfēng**	style, way, attitude, behaviour, conduct [6]
作息	**zuòxī**	work and rest [6]

Additional words
杰作 **jiézuò** (masterpiece).

zuò

to do, act, make, produce, write, compose

 Rad: 亻 Str: 11

做	**zuò**	to do, make, produce, write, compose, act as, engage in, be, to become, function (in some capacity), serve as, be used for, pretend [1]
做主	**zuòzhǔ**	to decide, take responsibility for [6]

Additional words
叫做 **jiàozuò** (be called, be known as).

zuò

to sit, to take a seat, to take (a bus, airplane etc.)

 Rad: 土 Str: 7

坐	**zuò**	to sit, take a seat, ride [1]
乘坐	**chéngzuò**	to ride (in a vehicle) [4]

Additional words
请坐 **qǐngzuò** (please have a seat).

CODE for additional learning resources
hsk1kvB7

Appendix: Measure Words

What are measure words?
Measure words, also known as classifiers, are used with numerals to count nouns and verbs to count actions, or with the words 这 **zhè** (this) and 那 **nà** (that) to identify objects. The term 'measure words' is a direct translation of the Chinese 量词 **liàngcí**. Although English also has such measure words, e.g. *a bowl of rice, a slice of bread*, it does not use them as extensively as in Chinese. There are between 80 to 150 measure words in use in modern Chinese. Estimates vary because of differing definitions of what exactly constitutes a measure word, and the fact that some of these have changed over time (e.g. some ancient units of measurement, which are no longer used). There are five different types of measure word, each described below.

Types of measure words
The most important (and difficult) type of measure word for Chinese learners are individual measure words used with nouns. In general, these measure words have no direct translation into English, and vary from noun to noun. The measure word for people, for example, is 个 **gè**, and *three people* is expressed as 三个人 **sān gè rén**. The measure word for books is 本 **běn**, and *three books* is expressed as 三本书 **sān běn shū**. Individual measure words for nouns sometimes denote the characteristics of the things they describe, for example 张 **zhāng**, which is used for flat objects, e.g. 一张纸 **yī zhāng zhǐ** (a piece of paper), and 条 **tiáo** , which is used for long thin objects, e.g. 一条路 **yì tiáo lù** (a road). Although some individual measure words for nouns denote characteristics of the things they describe in this way, there is often no rhyme or reason and the learner just has to remember the associated measure word for a given noun. In everyday Chinese, the measure word 个 **gè** is used as a general measure word and may often be used in place of others. In the HSK test, however, the correct measure word should be used, and questions will often test your knowledge of these.

A second type of measure word used in Chinese is individual measure words used with verbs. These are similar to the ones above, and vary from verb to verb. They all have the same general meaning of *time(s)*. Examples are 回 **huí**, e.g. 看一回 **kàn yí huí** (have a look, or 'look one time'), and 下 **xià**, e.g. 打他三下 **dǎ tā sān xià** (hit him three times).

The third type of measure word describes containers of things. One such measure word is 杯 **bēi** (a cup), for example 三杯水 **sān bēi shuǐ** (three cups of water). This type of measure word is similar to English measure words for containers.

A fourth type of measure word, also similar to English and therefore directly translatable, is measure words with a general meaning. Examples are 点 **diǎn** (a little, a drop) and 些 **xiē** (a number of, some).

The final type of measure word is measure words used for units of measurement. These do not need additional measure words, and are again similar to English. Examples are 米 **mǐ** (metre), 天 **tiān** (day), and 岁 **suì** (years of age).

In short, there are many different types of measure word used in Chinese. While these can seem confusing at first, it is useful to remember that the main type to focus on when learning Chinese, and preparing for the HSK test, is the individual measure words used with specific nouns and verbs.

List of HSK measure words (level 1)

The table below shows all the measure words which occur in Level 1, with their meaning, type and an example for each. There is a total of 14 measure words in HSK Level 1.

Character	Pinyin	Meaning	Type	Example
杯	bēi	for cupfuls	III	一杯水 (**shuǐ** water)
本	běn	for books, files, etc.	I	一本书 (**shū** book)
出	chū	for dramas, plays, operas etc	I	一出京剧 (**jīngjù** Beijing opera)
点	diǎn	for small amounts	IV	一点时间 (**shíjiān** time)
个	gè	for people or objects in general	I	一个人 (**rén** person)
回	huí	for chapters, times, actions	I	看一回 (**kàn** look)
家	jiā	for families or businesses	I	一家书店 (**shūdiàn** bookshop)
块	kuài	for chunks, lumps, cloth, cake, soap	I	一块地 (**dì** plot of land)
米	mǐ	metre	V	一米 (**yìmǐ** one metre)
面	miàn	mirrors, flags, etc	I	一面镜子 (**jìngzi** mirror)
名	míng	for persons	I	一名工人 (**gōngrén** worker)
期	qī	issue of a periodical, courses of study	I	这期杂志 (**zázhì** magazine)
岁	suì	for years of age	V	三岁 (**sān suì** three years old)
些	xiē	for unspecified amount	IV	一些钱 (**qián** money)

English Index

Below is the index of characters according to their English meaning. To simplify the index, only the first part of the meaning of each character is used. If this is a verb, the base form (without 'to'), is used. For example, the character means , but in the index it is listed simply under the meaning . Further, if a character has more than one pronunciation, only the meaning of the first one is listed in the index. This avoids repetitions and means there are exactly 174 entries, which is the number of characters in this level of the HSK.

English	Char	Pinyin	Page
able to	能	néng	56
above	上	shàng	69
after	后	hòu	33
again	再	zài	102
air	气	qì	62
all	都	dōu	17
almost	几	jī	36
and	和	hé	31
appearance	样	yàng	95
apple	苹	píng	59
at	在	zài	102
basis	本	běn	4
beautiful	漂	piào	59
before	前	qián	63
below	下	xià	86
big	大	dà	12
book	书	shū	76
brain	脑	nǎo	55
bright	亮	liàng	48
buy	买	mǎi	49
call	叫	jiào	40
can	会	huì	36
capital	京	jīng	41
car	车	chē	8
cat	猫	māo	49
chair	椅	yǐ	98
child	儿	ér	20
child	子	zǐ	106
Chinese	汉	hàn	28
clear	明	míng	53
clock	钟	zhōng	105
clothes	服	fú	23
clothes	衣	yī	97
cold	冷	lěng	47
come	来	lái	45
commerce	商	shāng	68
connection	系	xì	86
correct	对	duì	18
country	国	guó	27
courtyard	院	yuàn	101
cup	杯	bēi	3
divide	分	fēn	22
do	做	zuò	111
do	作	zuò	110
dog	狗	gǒu	26
drink	喝	hē	30
drop	点	diǎn	14
east	东	dōng	16
eat	吃	chī	9
eight	八	bā	2
electric	电	diàn	15
face	面	miàn	52
father	爸	bà	2
feel	觉	jué	42
female	女	nǚ	58
few	少	shǎo	70

English	Hanzi	Pinyin	Page
first	先	xiān	87
five	五	wǔ	83
fly	飞	fēi	21
food	饭	fàn	21
four	四	sì	79
friend	朋	péng	58
friend	友	yǒu	99
fruit	果	guǒ	28
give birth	生	shēng	71
go	去	qù	65
go out	出	chū	10
good	好	hǎo	29
great	太	tài	80
guest	客	kè	44
happy	欢	huān	35
have	有	yǒu	99
have not	没	méi	50
he	他	tā	79
heat	热	rè	65
hello	喂	wèi	83
high	高	gāo	24
hit	打	dǎ	11
home	家	jiā	38
how	哪	nǎ	55
how	怎	zěn	103
I	我	wǒ	83
in	里	lǐ	47
individual	个	gè	24
interest	兴	xìng	93
interrogative suffix	么	me	50
is	是	shì	74
know	识	shí	74
language	话	huà	34
language	语	yǔ	100
letter	字	zì	108
like	喜	xǐ	85
listen	听	tīng	82
live	住	zhù	105
look at	视	shì	75
love	爱	ài	1
machine	机	jī	37
many	多	duō	19
medical	医	yī	95
meet	见	jiàn	39
middle	中	zhōng	104
money	钱	qián	64
moon	月	yuè	101
mother	妈	mā	49
name	名	míng	54
nine	九	jiǔ	42
noon	午	wǔ	84
north	北	běi	3
not	不	bù	5
number	号	hào	30
of	的	de	13
old	老	lǎo	46
older sister	姐	jiě	40
one	一	yī	96
open	开	kāi	43
period of time	期	qī	60
person	人	rén	66
picture	影	yǐng	98
piece	块	kuài	45
please	请	qǐng	64
plural marker	们	men	51
practice	习	xí	85

Chinese Characters for HSK: Level 1

question particle	呢	ne	56
question tag	吗	ma	48
rain	雨	yǔ	100
raise	起	qǐ	61
read	读	dú	17
recognise	认	rèn	67
rent	租	zū	109
return	回	huí	35
rice	米	mǐ	51
same	同	tóng	82
school	校	xiào	91
see	看	kàn	44
seven	七	qī	60
she	她	tā	80
shop	店	diàn	16
show	现	xiàn	88
shut	关	guān	26
sit	坐	zuò	111
six	六	liù	48
sky	天	tiān	81
sleep	睡	shuì	78
small	小	xiǎo	90
some	些	xiē	91
speak	说	shuō	78
star	星	xīng	93
study	学	xué	94
table	桌	zhuō	105
tea	茶	chá	7
teacher	师	shī	72
ten	十	shí	72
thank	谢	xiè	92
that	那	nà	55
think	想	xiǎng	89
this	这	zhè	103
three	三	sān	68
time	时	shí	73
today	今	jīn	41
two	二	èr	21
vegetables	菜	cài	7
verb particle	了	le	46
very	很	hěn	32
wait	候	hòu	32
water	水	shuǐ	77
west	西	xī	84
what	什	shén	70
who	谁	shéi	76
work	工	gōng	25
write	写	xiě	92
year	年	nián	57
years old	岁	suì	79
yesterday	昨	zuó	109
you	你	nǐ	57

www.ingramcontent.com/pod-product-compliance
Lightning Source LLC
Chambersburg PA
CBHW081115080526
44587CB00021B/3605